Princípios básicos de eletromagnetismo e termodinâmica

DIALÓGICA

O selo DIALÓGICA da Editora InterSaberes faz referência às publicações que privilegiam uma linguagem na qual o autor dialoga com o leitor por meio de recursos textuais e visuais, o que torna o conteúdo muito mais dinâmico. São livros que criam um ambiente de interação com o leitor – seu universo cultural, social e de elaboração de conhecimentos –, possibilitando um real processo de interlocução para que a comunicação se efetive.

Princípios básicos de eletromagnetismo e termodinâmica

Fabiana da Gama Ferreira

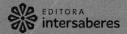

Rua Clara Vendramin, 58 • Mossunguê
CEP 81200-170 • Curitiba • PR • Brasil
Fone: (41) 2106-4170
www.intersaberes.com
editora@editoraintersaberes.com.br

conselho editorial • Dr. Ivo José Both (presidente) • Dr.ª Elena Godoy • Dr. Nelson Luís Dias • Dr. Neri dos Santos • Dr. Ulf Gregor Baranow

editora-chefe • Lindsay Azambuja

supervisora editorial • Ariadne Nunes Wenger

analista editorial • Ariel Martins

preparação de originais • EBM Edições e Revisões

edição de texto • Tiago Krelling Marinaska • Gustavo Piratello de Castro

capa • Luana Machado Amaro (*design*) • pixelparticle/Shutterstock (imagem)

projeto gráfico • Mayra Yoshizawa

diagramação • YUMI Publicidade Ltda.

equipe de *design* • Luana Machado Amaro • Laís Galvão dos Santos

iconografia • Célia Kikue Suzuki • Regina Claudia Cruz Prestes

1ª edição, 2017.

Foi feito o depósito legal.

Informamos que é de inteira responsabilidade da autora a emissão de conceitos.

Nenhuma parte desta publicação poderá ser reproduzida por qualquer meio ou forma sem a prévia autorização da Editora InterSaberes.

A violação dos direitos autorais é crime estabelecido na Lei n. 9.610/1998 e punido pelo art. 184 do Código Penal.

Dado internacionais de Catalogação na Publicação (CIP)
(Câmara Brasileira do Livro, SP, Brasil)

    Ferreira, Fabiana da Gama
Princípios básicos de eletromagnetismo e termodinâmica/ Fabiana da Gama Ferreira. Curitiba: InterSaberes, 2017.

    Bibliografia.
    ISBN 978-85-5972-594-0

1. Eletromagnetismo 2. Eletromagnetismo – Estudo e ensino 3. Termodinâmica I. Título.

17-10307   CDD-537.07

Índices para catálogo sistemático
1. Eletromagnetismo e termodinâmica: Física: Estudo e ensino 537.07

Sumário

Apresentação 9
Como aproveitar ao máximo este livro 15

1 Estrutura e ligações atômicas 19
   1.1 Breve história dos modelos atômicos 20
   1.2 Organização do átomo 23
   1.3 Formação da matéria 28
   1.4 Estados da matéria 33

2 Eletrostática: origem e consequências 41
   2.1 Geração de cargas elétricas 42
   2.2 Força elétrica 46
   2.3 Campo elétrico 50
   2.4 Potencial elétrico 56

3 Cargas elétricas em movimento:
conhecendo a eletrodinâmica 65
   3.1 Corrente elétrica 66
   3.2 Circuitos elétricos 69
   3.3 Componentes de um circuito elétrico 73

4 Eletromagnetismo: eletricidade + magnetismo 91
   4.1 Ímãs elementares: a origem do campo magnético ... 92
   4.2 Campo magnético e força magnética 95
   4.3 Relação entre eletricidade e magnetismo 101

5 Energia interna: a origem do calor 115
   5.1 Energia interna: a origem do calor 116
   5.2 Calor 123

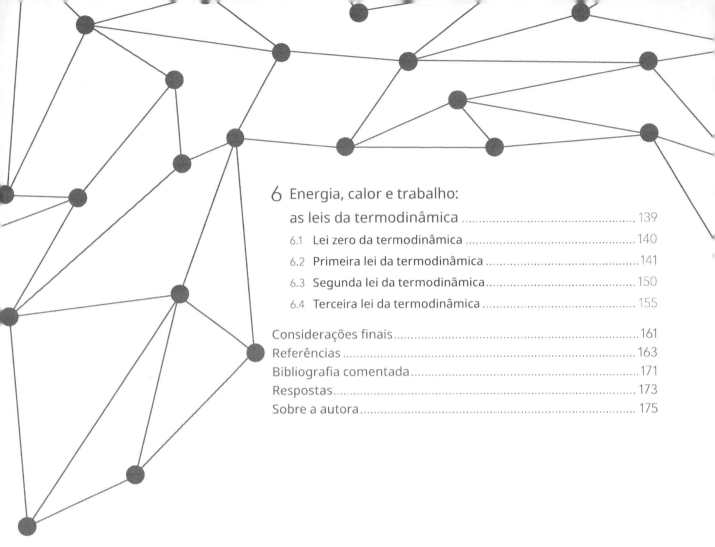

6 Energia, calor e trabalho:
  as leis da termodinâmica 139
   6.1 Lei zero da termodinâmica 140
   6.2 Primeira lei da termodinâmica 141
   6.3 Segunda lei da termodinâmica 150
   6.4 Terceira lei da termodinâmica 155

Considerações finais 161
Referências 163
Bibliografia comentada 171
Respostas 173
Sobre a autora 175

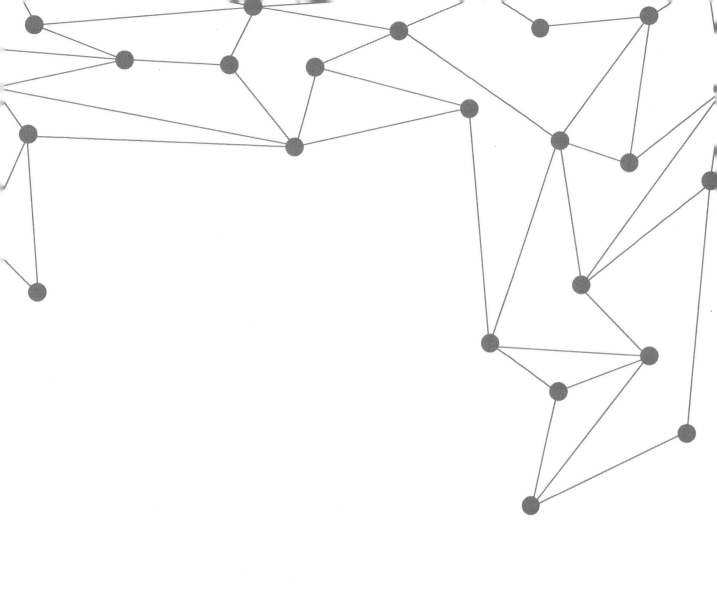

Dedico este livro a você, querido leitor.

Apresentação

A física é a ciência que surgiu devido a nossa curiosidade em saber por que os fenômenos e eventos à nossa volta são como são e se comportam de um jeito específico. Ela surgiu na Antiguidade e permanece em constante desenvolvimento, seja para a satisfação e o acalento de nosso comportamento investigador, seja para a continuidade do processo tecnológico e sociocultural.

A física está conosco desde a hora em que fomos concebidos e nos acompanhará até nosso último suspiro. Convivemos com ela no café da manhã, nos estudos, no trabalho e nos momentos de lazer. Ela está a nosso lado enquanto crescemos e nos desenvolvemos e, ao mesmo tempo, está muito, muito longe, nos limites do Universo – ou para além dele. Além disso, por mais que muitos ainda não a compreendam, não há como negar que todos temos forte relação com essa ciência.

É por meio da física que explicamos a origem das coisas ou o que move o mundo. Nós observamos os fenômenos naturais e depois os organizamos em padrões descritos em teoremas, leis e princípios físicos.

Em decorrência da precisão necessária para descrevermos o que acontece conosco e a nossa volta, o que permite a previsão de eventos e seus resultados, a física uniu-se à matemática, uma vez que esta pressupõe o uso de raciocínio lógico, ordem, regras, operadores, leis, axiomas, entre outros, que possibilitam que os fenômenos sejam descritos de maneira elegante e clara.

Como o objeto de estudo da física – o Universo – é muito amplo, pretendemos, neste livro, analisar apenas uma fração dele, que diz respeito ao **eletromagnetismo** e à **termodinâmica**.

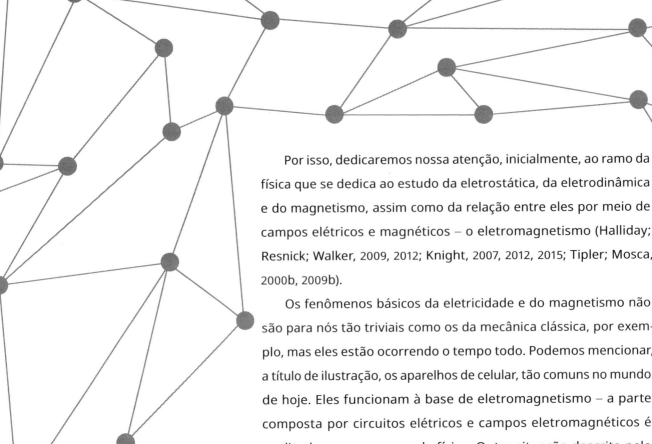

Por isso, dedicaremos nossa atenção, inicialmente, ao ramo da física que se dedica ao estudo da eletrostática, da eletrodinâmica e do magnetismo, assim como da relação entre eles por meio de campos elétricos e magnéticos – o eletromagnetismo (Halliday; Resnick; Walker, 2009, 2012; Knight, 2007, 2012, 2015; Tipler; Mosca, 2000b, 2009b).

Os fenômenos básicos da eletricidade e do magnetismo não são para nós tão triviais como os da mecânica clássica, por exemplo, mas eles estão ocorrendo o tempo todo. Podemos mencionar, a título de ilustração, os aparelhos de celular, tão comuns no mundo de hoje. Eles funcionam à base de eletromagnetismo – a parte composta por circuitos elétricos e campos eletromagnéticos é explicada por esse ramo da física. Outra situação descrita pelo eletromagnetismo é a das roupas que saem "coladas" da máquina de secar devido à geração de cargas elétricas resultantes do atrito entre as peças e o ar seco do aparelho.

Já a termodinâmica destina-se a compreender a relação entre matéria e energia. Essa parte da física se desenvolveu na Revolução Industrial, por meio do estudo sistemático sobre o uso de trocas de calor para a obtenção de formas mais eficientes de trabalho e de movimento mecânico.

Nesse contexto, começaremos nossa viagem por esses dois "mundos" – que parecem distantes entre si, mas, na verdade, se complementam – pela estrutura da matéria. Assim, no **Capítulo 1**, apresentaremos a origem dos fenômenos eletromagnéticos e térmicos que compõem a matéria e determinam suas características: o átomo. Verificaremos os diferentes modelos atômicos que já foram propostos, desde o primeiro ao mais atual. Em seguida, analisaremos as partículas principais do átomo – o próton, o nêutron e o elétron – e como elas estão organizadas, para, então, descrevermos as configurações eletrônicas que formam os sistemas carregados, os quais produzem os fenômenos eletromagnéticos, e as forças e as energias de ligação, que são necessárias para entendermos os estados físicos da matéria e suas transformações.

O estudo do eletromagnetismo propriamente dito está dividido entre os Capítulos 2, 3 e 4. No **Capítulo 2**, explicaremos os conceitos básicos de eletricidade, que dizem respeito à formação de cargas elétricas e a como elas interagem por meio de forças. Na sequência, discutiremos sobre o que é e como quantificar um campo elétrico para, finalmente, abordarmos a noção de potencial elétrico.

No **Capítulo 3**, aplicaremos todos os conceitos vistos no capítulo anterior para descrevermos a corrente elétrica e como ela é utilizada em circuitos. Na parte final desse capítulo, destacaremos os dispositivos elétricos mais comuns e mais importantes em nosso dia a dia: os resistores, os capacitores, os geradores e os receptores.

Iniciaremos o **Capítulo 4** interpretando os princípios do magnetismo, como a origem e o cálculo do campo magnético e da força magnética e como eles podem influenciar o movimento de partículas carregadas. Essa discussão é essencial para a compreensão sobre como os efeitos elétricos e magnéticos se relacionam e por que são duas manifestações diferentes de um mesmo fenômeno.

Nos dois últimos capítulos, abordaremos a termodinâmica. No **Capítulo 5**, trataremos da energia, observando seus diferentes tipos e como essa grandeza física está relacionada ao trabalho mecânico. A seguir, examinaremos a energia interna dos corpos e demostraremos como ela pode ser medida com o uso de termômetros. Depois, distinguiremos os conceitos de calor e de temperatura, compreendendo por que ambos são diferentes, e exploraremos os diferentes tipos de calor, seus efeitos sobre a matéria e suas formas de propagação.

No **Capítulo 6**, descreveremos como é possível extrair trabalho do calor e vice-versa. Para isso, recorreremos às leis da termodinâmica, iniciando nossa abordagem pela lei zero, que trata do equilíbrio térmico. Em seguida, veremos a primeira lei da termodinâmica, que fala da conservação de energia; depois, discutiremos sobre a segunda lei, que faz um complemento às limitações que ocorrem na primeira (para isso, vamos analisar o rendimento de máquinas térmicas e de refrigeradores). Por fim, veremos a terceira lei da termodinâmica, que trata do zero absoluto – esse assunto será discutido brevemente, pois envolve o conceito de entropia que, por si só, mereceria um capítulo à parte devido a sua extensão.

Ressaltamos que este livro se limita a apresentar os conteúdos mencionados, ou seja, serve como introdução aos conceitos e aos fenômenos que regem o mundo microscópico, mas que determinam o comportamento da matéria em âmbito macroscópico.

O eletromagnetismo e a termodinâmica são temas vastamente estudados há anos e, por isso, dispõem de inúmeros livros escritos tanto em nível superficial, ilustrando de modo lúdico seus princípios, quanto em nível extremamente avançado, para cientistas e amantes desses assuntos.

Nossa proposta, portanto, é transmitir os conceitos físicos de forma clara e objetiva e, por isso, esta obra não pode – e não deve – ser encarada como a palavra final dos assuntos abordados, mas como um guia introdutório sobre esses mundos.

Para tanto, definimos uma linha de apresentação dos conteúdos que não segue necessariamente a adotada pelos demais livros sobre eletromagnetismo e termodinâmica. Dessa forma, buscamos seguir uma linha lógica entre os assuntos, de modo a proporcionar o entendimento sobre eles em suas essências. Esperamos que nossa intenção se concretize que possamos auxiliá-lo a compreender melhor os temas abordados.

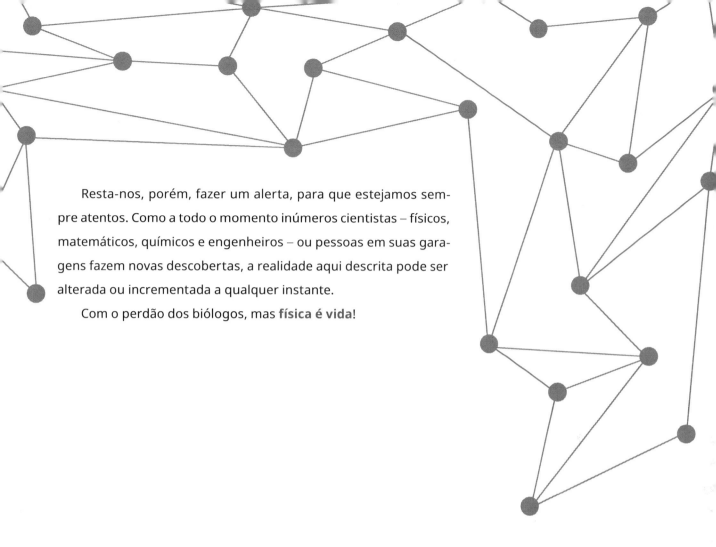

Resta-nos, porém, fazer um alerta, para que estejamos sempre atentos. Como a todo o momento inúmeros cientistas – físicos, matemáticos, químicos e engenheiros – ou pessoas em suas garagens fazem novas descobertas, a realidade aqui descrita pode ser alterada ou incrementada a qualquer instante.

Com o perdão dos biólogos, mas **física é vida**!

Como aproveitar ao máximo este livro

Este livro traz alguns recursos que visam enriquecer o seu aprendizado, facilitar a compreensão dos conteúdos e tornar a leitura mais dinâmica. São ferramentas projetadas de acordo com a natureza dos temas que vamos examinar. Veja a seguir como esses recursos se encontram distribuídos no decorrer desta obra.

Introdução do capítulo
Logo na abertura do capítulo, você fica conhecendo os conteúdos que nele serão abordados.

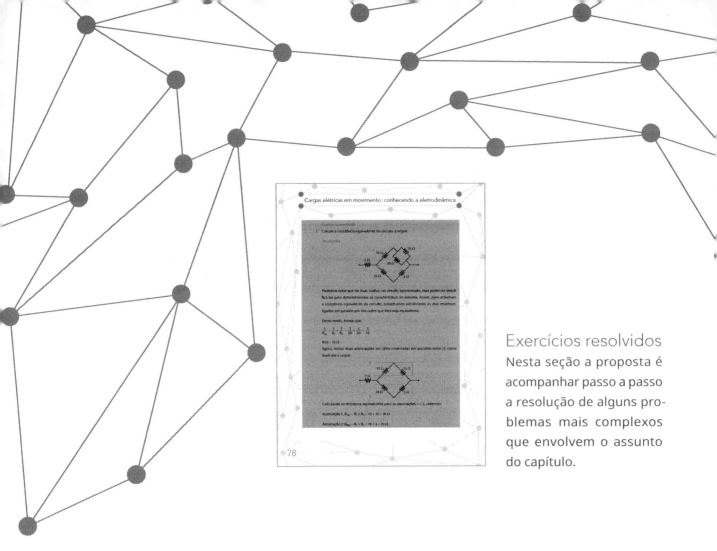

Exercícios resolvidos
Nesta seção a proposta é acompanhar passo a passo a resolução de alguns problemas mais complexos que envolvem o assunto do capítulo.

Importante!
Algumas das informações mais importantes da obra aparecem nestes boxes. Aproveite para fazer sua própria reflexão sobre os conteúdos apresentados.

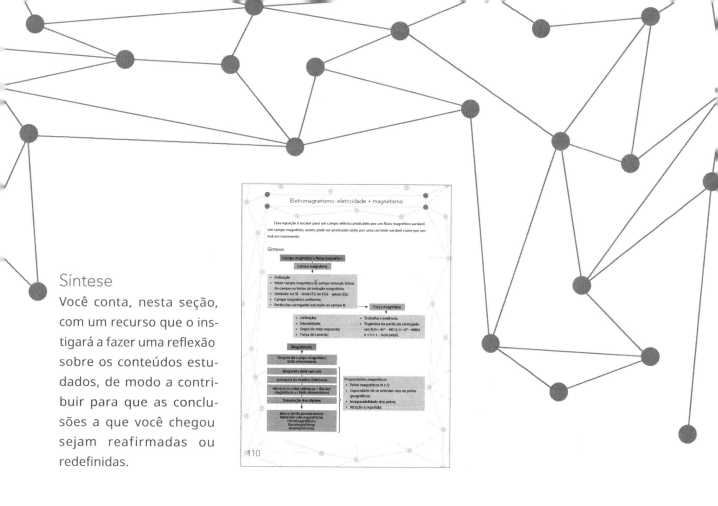

Síntese
Você conta, nesta seção, com um recurso que o instigará a fazer uma reflexão sobre os conteúdos estudados, de modo a contribuir para que as conclusões a que você chegou sejam reafirmadas ou redefinidas.

Atividades de autoavaliação
Com estas questões objetivas, você tem a oportunidade de verificar o grau de assimilação dos conceitos examinados, motivando-se a progredir em seus estudos e a se preparar para outras atividades avaliativas.

Atividades de aprendizagem
Aqui você dispõe de questões cujo objetivo é levá-lo a analisar criticamente determinado assunto e aproximar conhecimentos teóricos e práticos.

1. Estrutura e ligações atômicas

Estrutura e ligações atômicas

Para entendermos os fenômenos eletromagnéticos e termodinâmicos, suas características e aplicações e seus conceitos e leis, precisamos, antes, entender a origem deles compreendendo a estrutura da matéria – os átomos e suas propriedades – e de que forma ela influencia o comportamento macroscópico dos objetos em geral.

Dessa forma, começaremos nosso estudo analisando o átomo, os modelos atômicos e as configurações eletrônicas. Veremos como essas configurações interferem nos tipos de ligações interatômicas que resultam nas moléculas que originam a matéria em seus diferentes estados: sólido, líquido e gasoso.

Também analisaremos como a estrutura microscópica determina as características e as propriedades macroscópicas da matéria devido à organização das partículas atômicas, às forças e à energia de ligação para formar os estados físicos da matéria.

1.1 Breve história dos modelos atômicos

Dentre as perguntas que perseguem o ser humano já há muito tempo, três merecem destaque especial: Do que as coisas são feitas? Qual é a estrutura dos objetos? Por que eles se comportam de determinada maneira?

As mais antigas reflexões sobre essas dúvidas remetem à Grécia Antiga, onde, antes de 400 a.C., alguns filósofos propuseram que a matéria era formada por pequenos blocos indivisíveis chamados *átomos*, "no sentido de 'que não pode ser cortado, indivisível'" (Houaiss; Villar; Franco, 2001). Portanto, para os gregos, a matéria não poderia ser quebrada e dividida indefinidamente; portanto, deveria haver uma unidade básica que fosse indivisível, indeformável e que fosse única para todas as substâncias. Segundo esses pensadores, a unidade básica seria formada por quatro elementos simples: a terra, o fogo, a água e o ar.

Os filósofos gregos apenas observavam a natureza a sua volta e idealizavam seu funcionamento, sem testar hipóteses e teorias por meio de experimentos. Por esse motivo, a "procura" pelo átomo permaneceu uma questão filosófica por milênios.

De fato, a ciência, como a conhecemos hoje, organizada e engendrada pelas diretrizes da metodologia científica – que combina observações naturais com comprovações experimentais e descrições dos fenômenos estudados num contexto teórico, com leis expressas em escrita matemática –, só surgiu em meados do século XVI. A partir desse período, a comprovação da existência de uma partícula fundamental tornou-se uma questão de **certificação experimental**. Com os experimentos realizados e o avanço da tecnologia, as hipóteses relativas ao que seria o átomo puderam ser comprovadas, aprimoradas ou rejeitadas por completo.

Vários cientistas contribuíram para o desenvolvimento da estrutura atômica como a estudamos e a trabalhamos atualmente, dentre os quais se destacam **Robert Boyle**, **John Dalton**, **Joseph John Thomson** (ou J. J. Thomson), **Ernest Rutherford** e **Niels Bohr**.

Por meio de estudos com diferentes substâncias gasosas, **Boyle** notou a relação diretamente proporcional entre o aumento da pressão e a diminuição do volume de um gás quando a temperatura dessa substância é mantida constante, promovendo a ideia de que havia diferentes tipos de átomos, conhecidos como *elementos*.

Aproximadamente 200 anos depois, por volta de 1800, **Dalton** realizou vários experimentos para mostrar que dois ou mais elementos podem se combinar com relações fixas de massa e formar compostos. Em outras palavras, ele idealizou a concepção de **reação química**, que ocorre quando átomos de diferentes elementos se agrupam em várias proporções simples, mas mantém sua identidade primordial.

Os experimentos com raios catódicos[i] do cientista inglês **J. J. Thomson**, no final do século XIX, levaram à descoberta de partículas com massas carregadas negativamente e às primeiras ideias sobre a estrutura delas. Thomson propôs o modelo do "pudim de ameixa", sugerindo que a estrutura de um átomo era semelhante a sua sobremesa predileta: o átomo seria um fluido carregado positivamente no qual estariam incrustadas as cargas negativas, numa distribuição uniforme. Esse modelo serviu para afirmar a divisibilidade da matéria e sua natureza elétrica.

Aproximadamente uma década depois de Thomson, a famosa experiência com a folha de ouro[ii] de **Rutherford** levou ao modelo nuclear da estrutura atômica. O modelo de Rutherford sugeria que o átomo consiste de um centro com cargas positivas altamente condensadas chamado *núcleo* e a região de espaços vazios cercada pelas cargas negativas em movimento, que, ao contrário do modelo de Dalton, deveriam se encontrar distribuídas aleatoriamente, denomina-se *eletrosfera*.

Se o conceito de um núcleo já era pioneiro no modelo de Rutherford, mais surpreendente foi a ideia de que o átomo é composto basicamente por um espaço vazio. Dessa forma, a maior parte da massa é condensada no núcleo, assombrosamente menor se comparado ao tamanho real do átomo. No entanto, o próprio Rutherford identificou uma inconsistência em seu modelo atômico quanto a sua

---

[i] Os raios catódicos foram criados pelos físicos do século XIX, os quais descobriram que, se construíssem *canhão de elétrons* – um tubo de vidro com fios de metal em ambas as extremidades e tirassem o máximo de ar de dentro do tubo – uma carga elétrica passaria através do tubo (devido à diferença de potencial) e criaria um brilho fluorescente.

[ii] Rutherford descobriu que um estreito feixe de partículas era espalhado quando passava através de uma fina folha de mica ou de metal. Como o ouro é dúctil e pode ser trabalhado para atingir uma espessura de 0,00004 cm, o cientista pegou um pequeno pedaço de uma fina folha de ouro e bombardeou seu centro com um feixe. Rutherford e o físico alemão Hans Geiger, então, mediram que o espalhamento das partículas era na ordem de 1º grau.

Estrutura e ligações atômicas

estabilidade: considerando-se apenas a mecânica newtoniana, uma partícula carregada em movimento emite radiação e, consequentemente, perde energia. Dessa forma, a carga negativa deveria cair no núcleo, que é positivo. Esse impasse começou a ser desvendado com a proposição do modelo seguinte.

Bohr aprimorou o modelo nuclear de Rutherford explicando que as cargas negativas se encontram presentes em órbitas específicas e de raio fixo ao redor do núcleo, cada uma caracterizada por um valor específico de energia, e, quanto mais distante uma delas estiver do núcleo, maior a energia do nível. Essas cargas negativas podem migrar de uma órbita para outra, mas jamais podem ocupar o espaço vazio entre elas. É como se comparássemos as partículas e suas órbitas com uma escada e seus degraus: uma pessoa (carga negativa), para subir ou descer a escada, precisa pisar nos degraus (órbitas), mas não pode ficar nos espaços entre eles e, quanto mais longe do chão se encontra, mais alto fica (maior a energia da carga).

A Figura 1.1, a seguir, apresenta a evolução dos modelos atômicos: A) dos filósofos gregos, em que os átomos são blocos indivisíveis (400 a.C.); B) de J. J. Thomson, o modelo do "pudim de ameixa" (1898-1903); C) de Rutherford, no qual as cargas positivas encontram-se no núcleo e as cargas negativas, na eletrosfera (1911); D) de Bohr, em que as cargas negativas encontram-se em órbitas com valores específicos de energia (1913); E) o modelo moderno da mecânica quântica, no qual as cargas negativas ocupam as regiões do espaço cuja forma é descrita por equações matemáticas (The Physics Classroom, 2017).

A visão de Bohr de níveis quantizados de energia foi precursora do modelo da mecânica quântica para o átomo. Este último utiliza as mais atuais e complexas ferramentas matemáticas para descrever o comportamento e as características das partículas atômicas.

A natureza matemática da mecânica quântica limita a discussão e restringe nossa abordagem a uma breve descrição conceitual de suas características. Esse ramo da física sugere que o átomo é composto por várias partículas subatômicas, sendo o **próton**, o **elétron** e o **nêutron** as três principais.

O próton é a partícula carregada positivamente e o nêutron não possui carga, porém ambos se localizam no centro do átomo, formando um núcleo altamente compacto e denso. Do lado de fora do núcleo há regiões concêntricas (órbitas) que formam uma nuvem eletrônica – composta pelos possíveis espaços ocupados pelos elétrons,

Figura 1.1
Evolução dos modelos atômicos

A　　B　　C　　D　　E

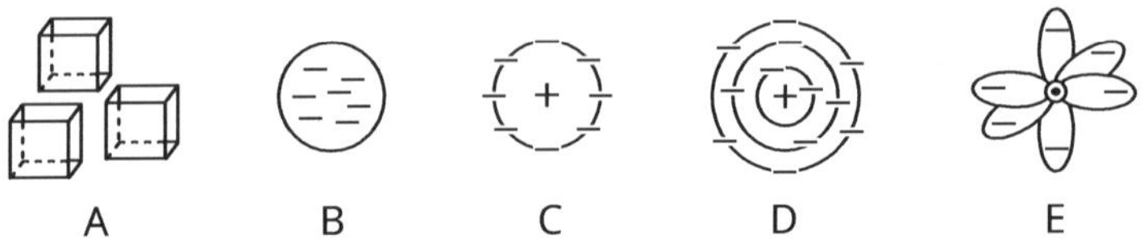

Fonte: Adaptado de The Structure..., 2017.

as cargas carregadas negativamente; ou seja, nesse local, há grande probabilidade de que eles sejam encontrados.

Cada órbita é caracterizada por um nível discreto de energia e, para ficar em uma delas, o elétron precisa ter a quantidade exata de sua carga. As órbitas mais externas apresentam níveis maiores e são caracterizadas por terem menor estabilidade. Delas, os elétrons podem se mover para outras mais internas por meio da liberação de energia excedente. Da mesma maneira, se ganharem carga, os elétrons em níveis mais baixos podem "pular" para outros mais altos. Assim, se fornecermos a um elétron uma quantidade suficiente de energia, poderemos removê-lo do átomo.

Apesar de "sabermos" onde os elétrons se encontram pela energia absorvida ou liberada, não podemos definir com exatidão sua posição, velocidade ou direção, como determina o **princípio da incerteza de Heisenberg**. Em outras palavras, quando falamos da estrutura atômica descrita pela mecânica quântica, estamos tratando de um modelo matemático probabilístico muito refinado[iii].

Por isso, para nosso estudo, adotaremos o modelo simplificado de Rutherford-Bohr, segundo o qual o átomo é a menor parte da matéria e lhe confere suas características.

Figura 1.2
Representação do modelo atômico de Rutherford-Bohr

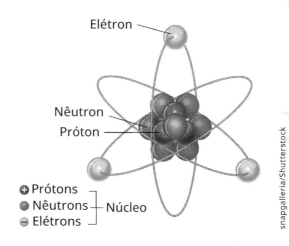

A seguir, veremos como o átomo se constitui.

1.2 Organização do átomo

O átomo é constituído por uma variedade de **partículas subatômicas**. As três partículas principais e que nos interessam em nosso estudo são os prótons, os elétrons e os nêutrons. Para compreendermos alguns comportamentos dos agregados dos elementos químicos, devemos antes conhecer alguns atributos dessas partículas, como **massa**, **carga** e **energia de movimento**.

---

iii   Para conhecer mais sobre o modelo atômico descrito pela mecânica quântica, sugerimos a obra *Ciência e engenharia de materiais: uma introdução*, de Willian D. Callister Jr. e David G. Rethwisch (2012, 2016).

Estrutura e ligações atômicas

Os prótons e os nêutrons, situados no interior do núcleo atômico (com diâmetro de aproximadamente 10^{-14} m), podem ser fragmentados em partes menores conhecidas como *quarks*, que, por sua vez, são integradas entre si por partículas chamadas *glúons*. Há pelo menos seis espécies conhecidas de *quarks*, porém apenas duas bastam para compor os prótons e os nêutrons, variando somente as combinações entre elas.

Os prótons e os nêutrons conferem ao núcleo sua alta densidade, pois ambos têm a massa equivalente a **uma unidade de massa atômica (u.m.a.)**, que é aproximadamente igual a $1,673 \cdot 10^{-27}$ kg.

O número de prótons no núcleo (número atômico) é característico e invariável para cada substância e, assim, é responsável pela identidade do átomo. No entanto, o número de nêutrons pode variar, originando os **isótopos** dos materiais. Cada elemento dispõe de mais de um isótopo possível na natureza, o que resulta em uma diferença de massa do núcleo, chamada de *massa atômica* ou *número de massa*, e de densidade nuclear do elemento.

A carga do núcleo é dita *positiva*, pois o próton tem uma carga elétrica positiva de **+e**, em que *e* é a menor quantidade de carga encontrada na natureza e apresenta o valor de $1,6 \cdot 10^{-19}$ C (coulombs). O nêutron não possui carga; portanto, é neutro.

Fora do núcleo, encontram-se regiões concêntricas que formam a **eletrosfera** – nas quais, como mencionamos anteriormente, há maior probabilidade de encontrarmos os elétrons –, que constitui a nuvem eletrônica de densidade variável de acordo com cada elemento e conferem ao átomo um diâmetro da ordem de grandeza de 10^{-11} a 10^{-10} m.

O que sabemos até o momento é que os elétrons realmente não podem ser divididos em estruturas mínimas, como os prótons e os nêutrons – eles apresentam massa 1 800 vezes menor do que a das partículas nucleares. Entretanto, um elétron individual apresenta a mesma quantidade de carga que um próton individual, mas com sinal oposto, ou seja, sua carga elementar é de **–e**.

Figura 1.3
Organização da matéria

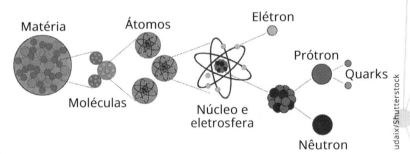

Fonte: Adaptado de Structure..., 2009.

A eletrosfera está dividida em sete orbitais, nos quais os elétrons apresentam energia específica e constante.

> Mas de que forma os elétrons estão distribuídos nos orbitais e como isso influencia as características eletrônicas dos elementos?

Existem números máximos de elétrons que podem ser colocados em cada orbital, os quais são diferenciados por seus números quânticos, dados pelas funções de ondas do modelo atômico da mecânica quântica.

Os números quânticos são o **principal**, o **secundário** (também chamado de *azimutal* ou *momento angular*), o **magnético** e o *spin*. Enquanto os três primeiros descrevem a órbita e as características dos elétrons que estão nela, o quarto número quântico é empregado para a descrição específica de cada elétron (Eisberg; Resnick, 1979).

O número quântico **principal**, simbolizado por *n*, indica em que orbital ou nível de energia se encontra o elétron. Para os átomos conhecidos até agora, *n* pode assumir valores de 1 a 7. A primeira camada, representada por K, tem o número quântico igual a 1; a segunda camada, L, tem *n* igual a 2; a terceira camada, M, tem *n* igual a 3, e assim por diante.

O número quântico **secundário** (ℓ) aponta o subnível de energia em que se encontra o elétron em cada órbita (K, L, M, N, O, P, Q). O número ℓ nos fornece a forma espacial do orbital, conforme ilustra a Figura 1.4, e, consequentemente, o momento angular (quantidade de movimento rotacional e de energia) do elétron. Seus valores variam entre 0 e 3 e são identificados pelas letras *s*, *p*, *d* e *f*.

O subnível *s* tem seu número quântico secundário igual a zero, e a região do espaço é uma esfera. Para o subnível *p*, o número quântico secundário é 1, e a região no espaço tem forma de um haltere. Para o subnível *d*, o número quântico secundário assume o valor 2, e a forma espacial comum apresenta quatro regiões lobulares (dois halteres com os centros que coincidem). Para o orbital *f*, o número quântico secundário é 3, e seu formato é o mais complexo, tendo dois conjuntos de arranjos que combinam três formas de orbitais diferentes, como mostra a Figura 1.4.

O número quântico **magnético** está relacionado às possíveis orientações espaciais do subnível de energia, também ilustrado na Figura 1.4. As prováveis orientações são obtidas por meio dos números quânticos secundários, indo de −ℓ até +ℓ e passando pelo zero. Dessa forma, para o subnível *s*, cujo número quântico secundário é zero, temos um número quântico magnético que também é zero, implicando uma única possibilidade de orientação, o que faz sentido, já que o subnível *s* é uma esfera.

Assim, o subnível *p* apresenta números quânticos magnéticos que podem assumir valores de −1 até +1, ocorrendo, então, três possibilidades. O subnível *d* apresenta cinco possibilidades espaciais, enquanto o subnível *f* pode adquirir sete orientações, conforme mostra a Figura 1.4 – no centro da imagem, observe a forma do orbital (número quântico secundário) e, nas laterais, suas possíveis orientações espaciais (número quântico magnético).

Estrutura e ligações atômicas

Figura 1.4

Representação artística das formas dos orbitais *s*, *p*, *d* e *f*

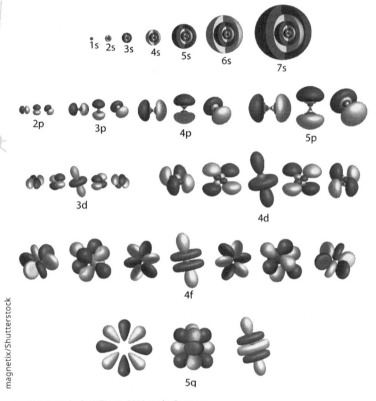

Fonte: Adaptado de Williams, 2014, tradução nossa.

Por fim, o número quântico *spin* indica o sentido de rotação do elétron em cada orbital, que pode ser apenas dois: sentido horário ou anti-horário.

Para determinarmos a maneira segundo a qual os níveis eletrônicos de um átomo são preenchidos pelos elétrons, fazemos uso do **princípio da exclusão de Pauli**, que estipula que os níveis são ocupados seguindo uma ordem, pela qual completam-se primeiro as posições de menor energia. Portanto, o preenchimento de um subnível se dá somente quando o anterior tiver sido concluído, o que acarreta que dois elétrons de um átomo não podem ter a mesma combinação de todos os quatro números quânticos.

O **diagrama de Linus Pauling** nos auxilia a fazer corretamente a distribuição dos elétrons nos níveis e nos subníveis de energia. Nesse diagrama, representado na Figura 1.5, a seguir, observamos os graus de energia e suas respectivas divisões. Cada nível comporta um número máximo de elétrons. O número quântico magnético é representado pelos quadrados e, em cada subnível, cabem apenas dois elétrons, simbolizados pelas setas para cima e para baixo, que indicam o sentido do giro dessas partículas.

Figura 1.5
Diagrama de Linus Pauling de um átomo parcialmente completo

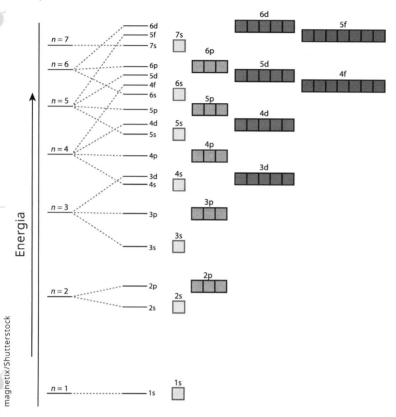

Fonte: Adaptado de Pauling, 1957, p. 96.

Uma análise minuciosa do diagrama de níveis de energia mostra que o primeiro nível pode ser ocupado por um número máximo de dois elétrons; o segundo, por 8; o terceiro, por 18; o quarto nível, por 32, e assim por diante.

Apesar de a ordem de preenchimento dos níveis de energia ser sempre $s < p < d < f$, as energias relativas dos subníveis pertencentes aos diferentes números quânticos principais n estão submetidas à influência dos arredores do átomo e dependem fortemente do número atômico do elemento estudado. Difícil de entender? Vamos explicar melhor.

Como podemos notar na Figura 1.5, o subnível 3d apresenta um valor de energia maior que o do 4s, por exemplo. Isso ocorre pelo fato de a maior distância provável de encontrar o elétron pertencer ao orbital 4s, em comparação ao 3d, mostrando que, na prática, uma maior distância não significa uma maior energia, o que diz respeito ao efeito de blindagem e de penetração que ocorre na eletrosfera. A carga efetiva a que os elétrons do subnível 3d estão submetidos é menor que a do 4s e, por isso, eles são menos atraídos, ficando com uma energia maior.

Essa configuração eletrônica ou estrutura do átomo representa a maneira segundo a qual os estados energéticos são ocupados. Obviamente, nem todos os estados eletrônicos de um átomo estão totalmente preenchidos. Além disso, podem ocorrer transições eletrônicas se a energia doada ou perdida for suficiente para tal, ou um elétron pode ser removido do átomo e ficar livre da atração de seu núcleo, se a energia fornecida for suficiente para isso.

1.3 Formação da matéria

Por que precisamos compreender números quânticos, formas de órbitas, níveis de energia e organização de partículas atômicas? Esse conhecimento é necessário para que possamos entender o que são **elétrons de valência**.

Elétrons de valência são aqueles que ocupam a camada mais externa da eletrosfera e são de suma importância, pois permitem a ligação entre os diferentes átomos para formar compostos e moléculas ou a união entre eles mesmos, propiciando a origem de vários tipos de materiais, com suas diversas propriedades físicas e químicas.

> Podemos dizer que *valência* corresponde ao número máximo de ligações que um átomo pode efetuar.

Alguns átomos apresentam configuração eletrônica estável, o que significa que todas as suas camadas eletrônicas mais externas, ou de valência, estão completamente preenchidas. Os elementos com essa característica são chamados de *gases inertes* ou *gases nobres*, pois não são reativos, como o neônio (Ne), o argônio (Ar) e o hélio (He).

No entanto, outros átomos, cujas camadas eletrônicas não estão totalmente preenchidas, adquirem estabilidade e ganham ou perdem elétrons, formando íons (átomos que possuem mais ou menos elétrons do que prótons) ou compartilhando elétrons com outros átomos. Essa é a base para algumas reações químicas e também para as ligações interatômicas.

Uma maneira encontrada pelos cientistas para organizar essas informações sobre massa atômica, camadas eletrônicas e estabilidade dos átomos foi ordenar os elementos conhecidos em uma tabela, conhecida como *tabela periódica*. Nela, os átomos aparecem classificados de acordo com suas configurações eletrônicas, em ordem crescente de número atômico e em sete fileiras horizontais chamadas *períodos*.

Nas colunas da tabela periódica encontram-se os elementos com camadas de valência semelhantes – com elétrons a mais ou a menos no último nível – e, por consequência, com propriedades químicas e físicas similares.

Dessa forma, podemos localizar os elementos que podem doar seus poucos elétrons de valência para se tornarem íons carregados positivamente, chamados *elementos eletropositivos*. Os elementos situados do lado direito da tabela são os *eletronegativos*, ou seja, recebem elétrons com maior facilidade, originando partículas carregadas negativamente (Figura 1.6), ou que compartilham elétrons com outros átomos.

Figura 1.6
Variação da eletronegatividade em uma tabela periódica

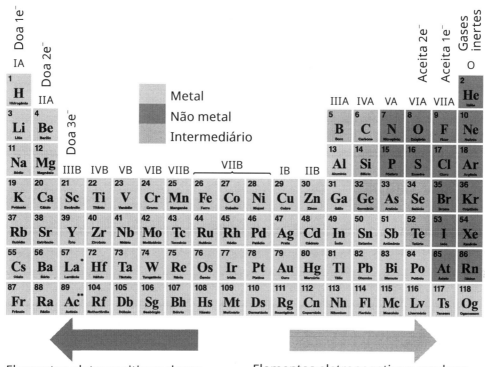

Fonte: Adaptado de Eastern Mediterranean University, 2015, p. 22, tradução nossa.

Os gases inertes ou gases nobres possuem a camada de valência totalmente preenchida e, por isso, não doam nem recebem elétrons.

Todavia, na natureza, os átomos não se encontram isolados; eles estão, em sua grande maioria, combinados, formando **moléculas** e **compostos**. Mas qual é o motivo desse comportamento? Isso ocorre porque, na natureza, todos os sistemas tendem a adquirir maior estabilidade com a menor energia possível. Como resultado, uma ligação interatômica surge das forças atrativas naturais.

Para compreendermos melhor os princípios das ligações atômicas, consideremos apenas dois átomos isolados e uma distância de separação entre eles. Para grandes distâncias (alguns diâmetros atômicos), as interações são desprezíveis, pois os átomos estão muito longe para sofrerem influência mútua. No entanto, em pequenas distâncias, as forças de interação aumentam.

As **forças de interação** podem ser de dois tipos: de **atração** (F_A) ou de **repulsão** (F_R), e a magnitude de cada uma depende da separação interatômica. A força de repulsão, em conjunto com a força de atração, é responsável pela posição de equilíbrio dos átomos em uma ligação, determinando a distância de equilíbrio, também chamada de *distância interatômica*.

Estrutura e ligações atômicas

Quando afastados, os átomos se atraem mutuamente com uma força que fica menor à medida que a distância entre eles aumenta, devido à **blindagem eletrônica**. Então, em pequenas separações, os átomos também se repelem mutuamente, pois as cargas positivas de seus átomos começam a interferir um no outro.

Essa força de repulsão é muito maior que a força de atração nas pequenas distâncias, porém decai mais rapidamente à medida que a separação aumenta. Como resultado, há uma única distância na qual as forças de atração e de repulsão ficam balanceadas. Além disso, essa posição de equilíbrio é mantida porque: 1) se os átomos forem afastados a uma distância considerável, as forças de atração mútua tentarão aproximá-los novamente; 2) se os átomos forem atraídos a uma pequena distância de separação, as forças de repulsão tentarão separá-los. Essa discussão está ilustrada no Gráfico 1.1, a seguir. Nele, podemos observar que a distância interatômica de equilíbrio entre os dois átomos é o resultado (força resultante) da soma das forças $\vec{F}_A$ e $\vec{F}_R$, sendo igual a zero.

Gráfico 1.1
Força de interação *versus* distância entre os átomos

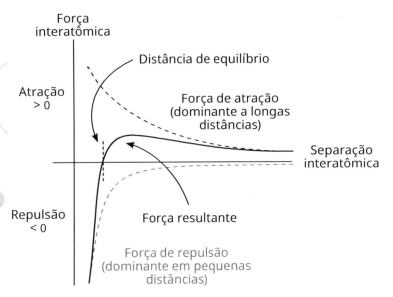

Fonte: Adaptado de Mallinckrodt, 2013, tradução nossa.

As forças repulsivas surgem da interação entre as nuvens eletrônicas carregadas negativamente dos dois átomos e são importantes apenas em separações pequenas, à medida que ambas as camadas eletrônicas mais externas começam a se sobrepor. No entanto, a origem da força atrativa depende do tipo particular de ligação existente entre os átomos, que pode ser **primária** (ligação química) ou **secundária** (ligação física ou de Van der Waals).

As ligações interatômicas primárias são aquelas criadas quando há interação direta entre dois ou mais átomos, o que envolve necessariamente os elétrons de valência e das estruturas eletrônicas – ou seja, dependem das características eletronegativas – dos átomos envolvidos. Quanto maior for o número de elétrons por átomo que participa do processo, mais forte será a conexão entre eles.

Em suma, essas ligações originam-se da tendência de

os átomos adquirirem estruturas eletrônicas estáveis, preenchendo completamente a camada eletrônica externa, seja doando, seja recebendo, seja compartilhando elétrons. Assim, há três tipos de ligações primárias: iônicas, covalentes e metálicas.

Já as ligações secundárias são tidas como fracas quando comparadas às primárias, pois ocorrem devido à interação indireta de elétrons em átomos adjacentes ou em moléculas. Elas existem virtualmente entre todos os átomos e moléculas, inclusive em gases inertes, mas podem ficar obscurecidas se qualquer um dos três tipos de ligações primárias estiver presente. A magnitude das ligações secundárias pode ser até dez vezes mais fraca que a das primárias.

As ligações secundárias diferem fundamentalmente das primárias porque não envolvem nem a transferência, nem o compartilhamento de elétrons. Durante a aproximação dos átomos, as forças de atração são produzidas pelo centro da partícula positiva e pelo centro da partícula negativa, que não estão alinhados, originando um dipolo elétrico (temporário, induzido ou permanente), que é a separação parcial das cargas que existem na partícula (átomo, molécula ou composto), deixando um lado carregado positivamente e o outro, negativamente, conforme ilustra a Figura 1.7.

Nessa figura, percebemos que "os elétrons se acumulam em determinado lado, que fica polarizado negativamente e o lado oposto positivamente, em razão da deficiência de carga negativa" (Fogaça, 2017). Dessa forma, as ligações secundárias ocorrem entre dipolos induzidos – dipolos induzidos e moléculas polares (que possuem dipolos permanentes) e entre moléculas polares.

A polaridade de uma ligação secundária depende da **eletronegatividade** dos elementos que a compõem, ou seja, depende das forças com que os átomos que fazem parte dessa ligação atraem os elétrons dos átomos envolvidos. Quanto maior for a diferença de eletronegatividade entre os átomos, maior será a polarização da ligação. No entanto, em moléculas formadas por átomos iguais, a ligação não é polarizada.

Figura 1.7
Formação de dipolo elétrico

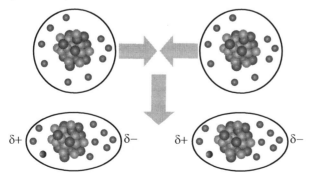

Fonte: Adaptado de Fogaça, 2017.

Estrutura e ligações atômicas

Algumas vezes é mais conveniente trabalhar com as **energias potenciais** entre dois átomos do que com as forças entre eles. Matematicamente, a energia ($\vec{E}$) e a força ($\vec{F}$) estão relacionadas por:

$$\vec{E} = \int \vec{F} dr \quad \text{(Equação 1.1)}^{iv}$$

Com base nessa equação, podemos gerar uma curva de energia em função da separação interatômica para dois átomos, conforme o Gráfico 1.2, que mostra as energias potenciais de **atração** e de **repulsão** e a **energia E_0**, correspondente à energia mínima necessária para separar os dois átomos até uma distância infinita.

O termo relativo à atração diz respeito à energia liberada quando os átomos se aproximam, que é negativa, devido ao produto de uma carga positiva com uma carga negativa. Já o termo relacionado à repulsão representa a energia absorvida quando os átomos se aproximam, que é positiva.

O Gráfico 1.2 a seguir ilustra a dependência das energias potenciais de repulsão e de atração e a energia total (ou resultante) em relação à separação interatômica para dois átomos isolados.

Gráfico 1.2
Energia potencial *versus* separação interatômica

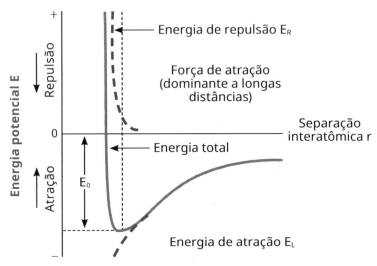

Fonte: Adaptado de Callister Jr.; Rethwish, 2012, p. 12.

Nesse gráfico, notamos que, quando a distância entre dois átomos tende ao infinito, a interação entre eles é quase nula, e a energia total (energia líquida) é dada pela soma das energias dos átomos. Ao se aproximarem (caminhando para a esquerda no Gráfico 1.2), surgem as forças de atração entre o núcleo de um átomo e a eletrosfera do outro. Simultaneamente, também crescem, em menor proporção, as forças de repulsão entre os núcleos e as eletrosferas envolvidas. Como as forças de atração predominam, a energia do sistema diminui até atingir seu valor mínimo E_0, indicado pelo "poço" no gráfico de energia potencial, na distância interatômica de equilíbrio.

---
iv A marcação ao lado identifica as expressões utilizadas no decorrer dos capítulos.

A energia depende da força e da distância de separação, então o equilíbrio entre as forças de repulsão e de atração na aproximação de dois átomos é caracterizado pela presença de um poço de energia na curva de potencial do sistema. Esse poço representa um estado ligado devido à formação de uma ligação interatômica, uma vez que indica uma maior estabilidade quando comparado ao gráfico de átomos isolados. A magnitude da energia de ligação e a forma da curva de energia em função da separação interatômica variam de material para material e ambas dependem do tipo da ligação atômica.

Caso ocorresse uma maior aproximação entre os átomos (mais à esquerda do poço), a energia potencial do sistema aumentaria, acarretando uma maior instabilidade da molécula, uma vez que as forças de repulsão prevaleceriam, destruindo-a.

Embora a explicação apresentada aqui se restrinja a uma situação ideal envolvendo apenas dois átomos isolados, quando falamos da realidade da matéria, devemos considerar as forças de interação e as energias de ligação entre todos os átomos que compõem determinado objeto, o que torna esse estudo um pouco mais complexo.

1.4 Estados da matéria

Agora que analisamos como os átomos são organizados, compreendemos suas energias intrínseca e de ligação e verificamos como eles se unem formando compostos e moléculas para engendrar a matéria do Universo, podemos discutir a respeito dos estados – ou fases – da matéria.

O próximo nível da estrutura interna dos materiais se refere aos arranjos que podem ser assumidos como resultado das forças de ligação interatômicas, da direcionalidade dessas ligações e das geometrias das moléculas formadas que, como vimos, são uma consequência dos graus de energia e da localização dos elétrons no espaço. Devemos lembrar que essas energias influenciam diretamente as forças de atração e de repulsão dos átomos e, consequentemente, sua separação interatômica e molecular. Essas conexões resultam nos estados da matéria.

Assim, podemos falar que os estados físicos da matéria são determinados de acordo com a energia total, ou com o grau de agitação, em que os átomos ou as moléculas de determinado material se encontram.

Há vários estudos que buscam definir quantos estados da matéria há. Se colocarmos os estados mais conhecidos por ordem crescente de energia, teremos: **condensado de Bose-Einstein**, **sólido**, **líquido**, **gasoso** e **plasma**. Nesta obra, limitaremos nossa abordagem aos três estados mais conhecidos, quais sejam, o **sólido**, o **líquido** e o **gasoso** (Figura 1.8), uma vez que os demais são obtidos apenas em condições extremas.

Estrutura e ligações atômicas

Figura 1.8
Os três principais estados da matéria

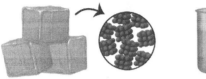

Sólido Líquido Gasoso

Fonte: Adaptado de Aroeira, 2017.

No **estado sólido**, as partículas constituintes da substância estão ordenadas e próximas, de maneira que apresentam certa organização espacial, uma vez que a energia vibracional é definida, ou seja, a E_0 é alta. Isso confere ao material características como volume definido e resistência a deformações. As forças de atração entre as moléculas polares possuem maior intensidade em relação às forças de repulsão.

No **estado líquido**, as moléculas da substância têm energia maior do que quando estão no estado sólido, o que acarreta uma maior energia cinética total e permite ao líquido adaptar-se à forma do recipiente, porém sem alterar consideravelmente seu volume.

Por fim, no **estado gasoso**, as partículas apresentam maior energia cinética, o que possibilita a elas se deslocarem de maneira randômica dentro do espaço total que as contém. Para o caso dos gases, a energia de ligação E_0 é pequena.

O Quadro 1.1, a seguir, resume as características microscópicas e macroscópicas dos três principais estados físicos da matéria.

Quadro 1.1
Características microscópicas e macroscópicas do estado sólido, líquido e gasoso da matéria

Estado	Propriedades macroscópicas	Propriedades microscópicas
Sólido	• Forma definida. • Volume constante. • Não compressível.	• As forças de atração entre corpúsculos são muito fortes. • A liberdade de movimentos é muito pequena, os corpúsculos apenas podem vibrar em torno da mesma posição. • Os corpúsculos encontram-se muito próximos uns dos outros; os espaços vazios entre eles são muito pequenos e, como tal, dispõem-se ordenadamente.

(continua)

(Quadro 1.1 – conclusão)

Estado	Propriedades macroscópicas	Propriedades microscópicas
Líquido	• Forma variável (a do recipiente). • Volume constante (a [sic] temperatura constante). • Dificilmente compressível.	• As forças de atração entre os corpúsculos são mais fracas do que nos sólidos. • A liberdade dos movimentos é maior do que nos sólidos; os corpúsculos apresentam movimentos de vibração, rotação e translação. • Os corpúsculos encontram-se afastados uns dos outros: os espaços vazios entre eles é maior, estando menos ordenados do que nos sólidos.
Gasoso	• Forma variável (a do recipiente). • Volume variável. • Facilmente compressível.	• As forças de atração entre os corpúsculos são muito fracas. • A liberdade de movimentos é muito grande; os corpúsculos apresentam maior amplitude de movimentos de vibração, rotação e translação do que nos líquidos. • Os corpúsculos encontram-se muito afastados uns dos outros; os espaços vazios entre eles são muito grandes, estando muito desordenados.

Fonte: Adaptado de Soares, 2017.

Cada elemento – ou a maioria dos compostos – pode existir tanto de forma sólida como líquida ou gasosa, porém esse estado também depende da temperatura e da pressão ambientes. É por isso que não vemos água solidificada naturalmente no nível do mar nem água líquida no cume de grandes montanhas.

Estrutura e ligações atômicas

Síntese

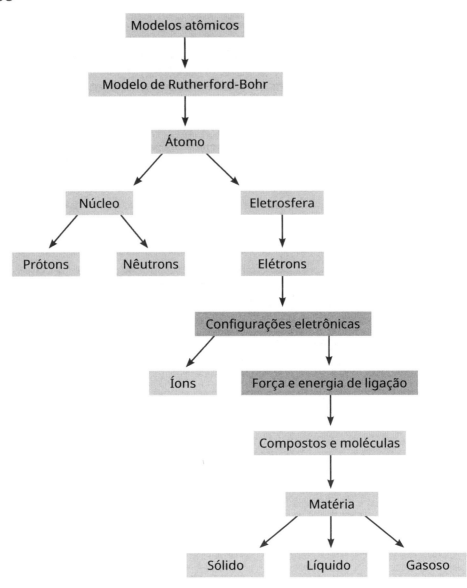

Atividades de autoavaliação

1. Assinale a alternativa que completa corretamente a sentença a seguir:
   a) "____ são as partículas carregadas de um átomo".
   b) Elétrons e nêutrons.
   c) Elétrons e prótons.
   d) Prótons.
   e) Prótons e nêutrons.

2. Assinale a alternativa que completa corretamente os espaços em branco da tabela a seguir:

Partículas	Prótons	Nêutrons	Elétrons
Posição	Núcleo	Núcleo	
Ligação	Forte		Fraca
Carga	+e		
Massa	$1{,}673 \cdot 10^{-27}$ kg	$1{,}673 \cdot 10^{-27}$ kg	$9{,}109 \cdot 10^{-31}$ kg

a) Núcleo; forte; +e; −e.

b) Núcleo; fraca; sem carga; −e.

c) Eletrosfera; forte; +e; −e.

d) Eletrosfera; forte; sem carga; −e.

3. Um dos isótopos do carbono, conhecido como *carbono-14* (C-14), existe em pequenas quantidades em praticamente todas as substâncias que contêm esse elemento. Esse fato tem sido útil para geólogos e arqueólogos, pois as amostras de C-14 emitem radiação de alta energia que diminui de acordo com uma função matemática, a qual permite aos profissionais determinar quando os compostos de carbono foram formados e, assim, identificar a idade dos artefatos descobertos. As partículas atômicas que liberam energia e possibilitam esse tipo de estudo são:

a) Os prótons.

b) Os elétrons.

c) Os nêutrons.

d) Os prótons e os elétrons.

4. Um íon é um átomo que ganhou ou perdeu elétrons de sua camada de valência. O que podemos afirmar sobre a identidade desse elemento?

a) Sua identidade variou, pois o número de elétrons também variou.

b) Sua identidade variou, pois o átomo não é mais estável, o que lhe possibilita fazer ligações com outros átomos.

c) Sua identidade permanece a mesma, pois o núcleo não se alterou.

d) Sua identidade permanece a mesma, pois o número de prótons cedidos é igual ao de elétrons, uma vez que é necessário manter a estabilidade do átomo.

Estrutura e ligações atômicas

5. Por que as ligações interatômicas geralmente envolvem os elétrons das camadas periféricas dos átomos?
   a) Porque os elétrons dessas camadas estão em estados mais elevados de energia, o que significa que apresentam mais facilidade para ser removidos.
   b) Porque os elétrons dessas camadas estão em estados de energia mais elevados e, por isso, estão mais ligados aos átomos.
   c) Porque os elétrons que se encontram nos níveis mais elevados de energia (mais externos) precisam de uma quantidade menor de energia para ser removidos.
   d) Porque os elétrons dessas camadas estão em estados menos elevados de energia e, por isso, precisam de menos energia para ser removidos.

Atividades de aprendizagem

Questões para reflexão

1. O modelo atômico de Rutherford apresenta uma falha relacionada à estabilidade, se levarmos em conta a explicação da física newtoniana para elucidar o movimento das órbitas. Naquela época, já se sabia que cargas de sinais opostos se atraem, enquanto cargas de sinais iguais se repelem. Como você explicaria, usando somente os conceitos da física da mecânica clássica, a ideia das órbitas de Rutherford para o átomo?

2. Sabemos que um elétron pode ser removido de um átomo. Mas uma partícula do núcleo (próton ou nêutron) pode ser removida também? Discuta as condições para que isso seja possível.

3. Se colocarmos dois íons juntos em um recipiente fechado, eles vão se combinar automaticamente ou não? Justifique sua resposta.

Atividade aplicada: prática

1. Com o avanço da tecnologia, foi possível realizar novas observações e descobertas em relação à estrutura dos materiais. O microscópio óptico, por exemplo, apresenta resolução limitada devido ao comprimento de onda da luz visível. Porém, por volta de 1980, foi criada uma nova geração de microscópios que permitiu a visualização e a manipulação de átomos, os chamados *microscópios de varredura por sonda*. Esses microscópios de alta resolução possibilitam a análise da superfície de amostras sólidas, e, variando a sonda, é possível obter informações microscópicas das propriedades dessas amostras. A Figura 1.9, a seguir, retrata a superfície de uma folha de grafite com resolução de 2,4 nm · 2,4 nm (nanômetros).

Figura 1.9
Topografia de uma folha de grafite feita por um microscópio de varredura por sonda de tunelamento

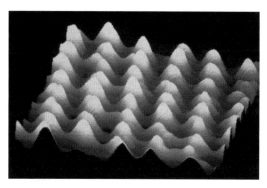

O que observamos é a disposição dos átomos de carbono que constituem a folha de grafite. Sabendo que essa é uma imagem topográfica, em que as partes baixas da superfície são mais escuras e as partes mais altas são claras, quais estruturas da matéria são visíveis na Figura 1.9?

2. Eletrostática: origem e consequências

Eletrostática: origem e consequências

Após analisarmos a forma como a matéria é constituída e como isso influencia suas propriedades físico-químicas, vamos iniciar neste capítulo o estudo sobre como podemos usufruir e manipular essas características. Dessa forma, trataremos da **eletrostática**, pela qual podemos compreender o comportamento e as implicações de cargas elétricas em repouso.

Para tanto, buscaremos investigar e explicar uma variedade de fenômenos físicos, como os motivos pelos quais um balão pode grudar numa porta de madeira, por que as roupas de lã nos dão "choques" ou o que são os raios vistos nos dias de tempestade.

Começaremos ponderando sobre o fato de o movimento do elétron explicar como e por que os objetos adquirem carga eletrostática e como esta influencia o espaço a nossa volta. Ao final do capítulo, teremos analisado como funcionam a eletricidade estática, as forças de atração e de repulsão, os campos elétricos e o potencial elétrico e como esses conceitos determinam os dispositivos utilizados em um circuito elétrico.

2.1 Geração de cargas elétricas

A eletricidade é um fenômeno que nos acompanha diariamente e, sem ela, nosso dia a dia seria, provavelmente, muito diferente. No entanto, é curioso pensarmos que a investigação sobre a eletricidade e a atração entre os materiais tenha se originado há muito tempo, na Grécia Antiga. **Tales de Mileto**, filósofo grego, observou, em 600 a.C., que, quando a resina petrificada chamada *âmbar* era atritada, ela atraía pequenos corpos, como sementes secas de grama e penas. Disso advém o nome *eletricidade*, que vem do grego *elektron*, no sentido de "âmbar amarelo" (Houaiss; Villar; Franco, 2001), devido às propriedades dessa substância.

As investigações sobre as cargas continuaram com diversos cientistas e seus experimentos. Em 1600, o médico inglês **William Gilbert** inventou o pêndulo elétrico, tipo mais simples de eletroscópio por meio do qual descobriu que mais substâncias dispunham de propriedades iguais às do âmbar. Esse instrumento permitiu a observação da existência de cargas elétricas em diversos corpos, identificando suas respectivas eletrizações.

O avanço do estudo da eletrostática prosseguiu, e os experimentos e os estudos de **Charles Du Fay** demonstraram que objetos carregados se atraíam em certas situações e se repeliam em outras, o que possibilitou a identificação da existência de dois tipos de eletricidade, as quais foram chamadas de *vítrea* (carga positiva) e *resinosa* (carga negativa).

Nesse sentido, o químico francês foi o primeiro a dividir os materiais em dois grandes grupos, os **elétricos** e os **não elétricos**, chamados assim devido à habilidade que apresentam de adquirir elétrons quando entram em contato com um corpo eletrizado. Du Fay também descobriu que objetos carregados com cargas diferentes se atraem e objetos carregados com cargas iguais se repelem mutuamente.

Benjamin Franklin, contemporâneo de Du Fay, também comprovou a existência dos dois tipos de eletricidade, atribuindo os sinais de negativo e de positivo para distinguir os corpos com excesso e com falta de carga, respectivamente. Assim, nessa época, já eram reconhecidas as duas classes de materiais: os **condutores** e os **isolantes**.

Os materiais condutores, como os metais, os sais em solução, o corpo humano e a terra, são constituídos de átomos cujos elétrons de valência não estão fortemente ligados, de maneira que podem migrar para outros átomos, "andando" livremente pelo condutor. Esses materiais têm facilidade de ganhar ou de perder elétrons, tornando-se carregados eletricamente.

> Quando um corpo apresenta elétrons em excesso, dizemos que ele está *eletrizado negativamente*, e quando o corpo está com falta dessas partículas, dizemos que ele está *eletrizado* ou *carregado positivamente*.

Já nos materiais isolantes, os elétrons estão ligados aos átomos mais próximos e não podem se deslocar com liberdade. São exemplos de isolantes o plástico, o vidro e a água destilada.

Pense a respeito

Imaginemos dois objetos condutores carregados, separados por certa distância e em repouso. Então, colocamos um canudinho de plástico em contato com os dois corpos. O que acontece? Nada, pois a borracha não conduz elétrons. Porém, se o objeto fosse um fio metálico, imediatamente as partículas livres escoariam entre os corpos, caso houvesse um desequilíbrio entre as quantidades de carga dos objetos.

O processo de transferência de elétrons é chamado de *eletrização*, e a carga líquida (soma de todas as cargas do sistema) dos corpos envolvidos permanece constante, ou seja, não há destruição nem criação delas durante a movimentação. Dessa forma, observamos um princípio fundamental do eletromagnetismo: a quantidade de cargas é conservada.

Assim, todas as cargas de um corpo condutor ocorrem em múltiplos inteiros da carga fundamental *e*, e qualquer corpo com excesso ou com falta de carga pode ser quantizado pela expressão:

$$Q = \pm Ne \text{ (Equação 2.1)}$$

Nela, *Q* é a carga elétrica total do corpo, *N* é um número inteiro e o valor de *e*, como já mencionamos, é $1,6 \cdot 10^{-19}$ C. Nos sistemas macroscópicos, *N* é um valor muito grande, e a carga tende a ficar homogeneamente distribuída no material, da mesma maneira que o ar parece ser contínuo, mas é composto por várias partículas, como as moléculas de água, de poeira e de oxigênio.

Eletrostática: origem e consequências

Importante!

Um equívoco muito comum é pensarmos que corpos carregados positivamente estão assim devido ao ganho de prótons. No entanto, os corpos carregados positivamente são aqueles que **perderam elétrons** (Eletrização..., 2017). Além disso, para um átomo ganhar ou perder prótons, é necessária uma quantidade muito grande de energia. Por isso, devemos sempre lembrar: **os fenômenos eletrostáticos sempre envolvem o movimento (perda ou ganho) de elétrons.**

Assim, podemos determinar os dois princípios da eletrostática:

1. Cargas elétricas de mesmo sinal se repelem e de sinais opostos se atraem.
2. Em um sistema eletricamente isolado, a soma algébrica das cargas positivas e negativas é constante.

Mas como podemos carregar um objeto?

Há alguns meios pelos quais é possível acrescentar ou retirar elétrons de um corpo neutro, e entre os mais comuns estão a eletrização por **contato**, por **atrito** e por **indução**.

A maneira mais rudimentar de eletrizar um objeto é por **contato direto**, visto que basta um corpo tocar um condutor carregado para que os elétrons deste sejam transferidos para aquele. No fim do processo, os objetos terão cargas de mesmo módulo e de mesmo sinal, como ilustrado na Figura 2.1, a seguir, em que um corpo (Figura 2.1-A) carregado negativamente (carga Q_{A1}) – com excesso de elétrons, que estão sempre se repelindo mutuamente e procurando maneiras de ficar longe uns dos outros – é posto em contato com um material (Figura 2.1-B) neutro (carga $Q_{B1} = 0$), e os elétrons fluem entre eles até ocorrer o equilíbrio entre as cargas ($Q_{A2} = Q_{B2} = Q_{A1/2}$).

Figura 2.1
Eletrização por contato

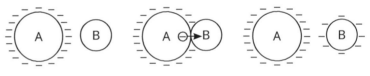

Fonte: Adaptado de Cabral, 2017.

Considerando a situação da Figura 2.1, se a quantidade inicial de carga na bola A for $Q_A = -10$ C (Coulombs), como podemos determinar a carga final nas bolas A e B após serem afastadas? Para isso, lançamos mão da **lei da conservação das cargas**, pela qual temos:

$$Q = \frac{Q_A + Q_B}{2} = \frac{-10 + 0}{2} = -5 \text{ C}$$

A eletrização por **atrito** ocorre quando dois materiais diferentes e inicialmente neutros são atritados entre si, permitindo a troca de elétrons. Os corpos ficam, então, carregados com cargas de sinais opostos, mas de mesmo módulo. Por esse motivo, esse processo depende da natureza dos materiais envolvidos, pois, de acordo com quais sejam eles, o mesmo corpo pode ganhar ou perder elétrons.

De modo geral, diversos materiais foram relacionados de acordo com a facilidade que têm de ganhar ou de perder elétrons. Essa disposição, chamada de *série triboelétrica*, demonstra, de cima para baixo, desde os materiais com mais facilidade de se tornarem positivamente carregados (perdendo elétrons) até aqueles com mais facilidade de se tornarem negativamente carregados (ganhando elétrons). Essa organização facilita a combinação mais eficaz na produção de corpos eletrizados por atrito, conforme podemos observar no Quadro 2.1, a seguir.

Quadro 2.1
Série triboelétrica

Carga	Materiais
Maior facilidade em obter carga positiva	Pele humana seca
	Couro
	Pele de coelho
	Vidro
	Cabelo humano
	Nylon
	Lã
	Chumbo
	Pele de gato
	Seda
	Alumínio
	Papel

(continua)

(Quadro 2.1 – conclusão)

Carga	Materiais
Neutros	Algodão
	Aço
Maior facilidade em obter carga negativa	Madeira
	Âmbar
	Borracha dura
	Níquel e cobre
	Prata e latão
	Ouro e platina
	Poliéster
	Isopor
	Filme de PVC
	Poliuretano
	Polietileno
	PVC [policloreto de vinila]
	Teflon

Fonte: Adaptado de Kítor, 2017.

As melhores combinações para criarmos corpos eletrizados são aquelas nas quais participam materiais tirados do alto da lista dos **positivos**, que têm facilidade de doar elétrons, e aqueles tirados do fim da lista dos **negativos**, uma vez que apresentam aptidão de ganhar elétrons.

Por fim, a eletrização por **indução** acontece quando aproximamos um corpo eletrizado (indutor – A) de um condutor inicialmente neutro (induzido – B), sem encostar um no outro, como ilustrado na Figura 2.2-A. Dessa forma, o segundo corpo ficará polarizado, ou seja, suas cargas vão se separar. No caso da figura em questão, as cargas negativas do objeto A repelem os elétrons livres do objeto B para o lado oposto, fazendo com que a outra região, perto do objeto A, fique carregada positivamente (Figura 2.2-B).

Figura 2.2
Eletrização por indução

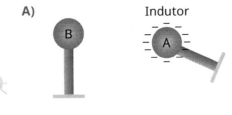

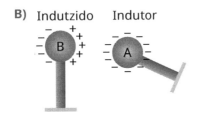

Fonte: Adaptado de Eletrostática, 1999.

Quando conectamos o corpo induzido à terra por meio de um fio, cargas negativas migram para ele de modo a tentar equilibrar suas cargas; quando desligamos esse fio, os elétrons ficam presos no material e causam nele um excesso de cargas negativas. Essas partículas, então, tentam se arrumar na superfície do objeto de modo a minimizar a repulsão entre elas. O resultado é que o corpo fica carregado homogeneamente com carga negativa.

2.2 Força elétrica

Como vimos anteriormente, cargas opostas se atraem e cargas iguais se repelem, e isso faz com que os elétrons livres se organizem na superfície do objeto carregado até acharem um ponto de equilíbrio. Mas é possível calcularmos as posições dos elétrons ou o quanto eles se repelem? Sim, usando a **força**!

Uma força, não importa de qual tipo seja, é a interação entre dois corpos, os quais, nesse caso, são dois objetos carregados. Se as dimensões desses objetos eletrizados forem desprezíveis em relação à distância entre eles, poderemos tratá-los como cargas **puntiformes**, das quais só nos interessa a carga líquida Q, e não suas dimensões ou formas físicas.

A força que uma carga elétrica exerce sobre outra foi investigada por **Charles Coulomb** no final do século XVIII, com o auxílio de uma **balança de torção**. Esse instrumento é constituído por uma haste isolante com duas pequenas esferas metálicas, uma em cada ponta, suspensas por uma fibra fina ligada a um ponteiro com escala graduada. As pequenas esferas são muito menores do que a distância entre elas e encontram-se inicialmente em repouso. Para repetirmos a experiência de Coulomb, eletrizamos ambas as esferas por indução, de modo que elas adquiram cargas iguais (Q_1). Depois, aproximamos delas uma terceira esfera com carga Q_2. O torque produzido pela interação entre as três faz girar a haste. Para que esta seja reconduzida à posição inicial de equilíbrio, precisamos torcer a fibra por meio do ponteiro. A força de interação entre as esferas pode ser calculada de acordo com o ângulo de rotação do ponteiro.

Figura 2.3
Balança de torção usada por Coulomb para determinar a força elétrica

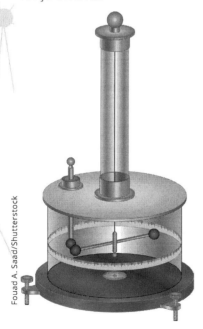

Os resultados da experiência de Coulomb e de outros cientistas podem ser resumidos na **lei de Coulomb**, segundo a qual a força que uma carga elétrica puntiforme exerce sobre outra carga puntiforme está dirigida sobre a reta que passa pelas duas. Essa força varia inversamente com o quadrado da distância entre as cargas e é proporcional ao produto delas. A força é repulsiva se as cargas tiverem o mesmo sinal e atrativa se tiverem sinais opostos (Tipler; Mosca, 2000b, 2009b).

Para determinarmos se a força elétrica é de atração ou de repulsão, basta analisarmos o produto das cargas envolvidas, isto é:

$$Q_1 \cdot Q_2 > 0 - \text{forças de repulsão}$$
$$Q_1 \cdot Q_2 < 0 - \text{forças de atração}$$

Assim, matematicamente, o módulo da força elétrica é representado por:

$$\vec{F} = \frac{k|Q_1 \cdot Q_2|}{\vec{d}^2} \quad \text{(Equação 2.2)}$$

Nessa equação, $\vec{F}$ designa a força que uma partícula exerce sobre a outra e atua ao longo da reta que une as duas cargas, e d é a distância entre as duas partículas carregadas (Q_1 e Q_2).

A letra k designa uma constante de proporcionalidade que depende da permissividade elétrica do meio (ε_0), do valor numérico da velocidade da luz (c) e de um fator de valor 4π para simplificar as fórmulas subsequentes. Utilizando a permissividade elétrica do vácuo igual a $8{,}88542 \cdot 10^{-12}$ $C^2/N \cdot m^2$, no Sistema Internacional de Unidades (SI), k é escrita como:

$$k \equiv \frac{1}{4\pi\varepsilon_0} = 10^{-7}c^2 \frac{N \cdot m^2}{C^2} \cong 8{,}98755 \cdot 10^9 \frac{N \cdot m^2}{C^2} \quad \text{(Equação 2.3)}$$

Eletrostática: origem e consequências

Observando a Equação 2.2, percebemos que a força elétrica entre dois corpos é diretamente proporcional à carga de ambos e inversamente proporcional à distância deles ao quadrado. Portanto, se duplicarmos a carga, a força dobra, mas, se duplicarmos a distância, a força diminui quatro vezes. Assim, concluímos que quanto mais carga um dos corpos tiver, mais ele atrairá ou repelirá o outro, e, quanto mais longe eles estiverem, menos conseguirão interagir.

Importante!

A lei de Coulomb vale apenas para objetos **puntiformes**, ou seja, aqueles com carga e massa, mas adimensionais. Para efeitos práticos, dois objetos podem ser considerados puntiformes se suas duas dimensões forem muito menores que a distância entre eles.

Exercício resolvido

1. Para um átomo de hidrogênio (H), qual é o módulo da força eletrostática de atração do próton sobre o elétron?

Resolução

Para resolver esse exercício, vamos usar a lei de Coulomb, sabendo que $Q_1 = e$ e $Q_2 = -e$, em que e representa a carga fundamental do elétron, cujo valor é $1,6 \cdot 10^{-19}$ C.

A distância de separação entre o núcleo e a primeira órbita para o átomo de hidrogênio é de cerca de $5,3 \cdot 10^{-11}$ m.

Assim, temos que:

$$\vec{F} = \frac{ke^2}{\vec{d}^2} =$$

$$= \frac{(8,99 \cdot 10^9) \cdot (1,6 \cdot 10^{-19})^2}{(5,3 \cdot 10^{-11})^2} \cong$$

$$= 8,19 \cdot 10^{-8} \text{ N}$$

E no caso de existirem mais de duas cargas elétricas no vácuo? Devemos nos lembrar de que *força* é uma grandeza vetorial. Por isso, a resultante da superposição das forças elétricas é dada pela soma vetorial de todas elas, considerando que cada partícula exerce, sobre todas as outras, uma força (terceira Lei de Newton). Assim, nesse cálculo, precisamos levar em conta o módulo (quanto vale), a direção (linha de atuação) e o sentido (lado) das forças atuantes em uma carga.

Uma estratégia para encontrarmos a força elétrica resultante é aplicarmos aos pares de carga (i, j) a lei de Coulomb. Assim, a que atua sobre a carga **i** pode ser obtida por:

$$\vec{F}_{ij} = kQ_i \sum_{j \neq i} \frac{Q_j}{(\vec{d}_{ji})^2} \quad \text{(Equação 2.4)}$$

Exercício resolvido

2. Dois corpos carregados eletricamente e considerados puntiformes apresentam $Q_1 = 5\ \mu C$ e $Q_2 = 3\ \mu C$ e encontram-se sobre os pontos A e B, respectivamente, distantes 0,4 m entre si. Dessa forma, determine a intensidade da força elétrica resultante sobre uma carga $Q_3 = -1\ \mu C$, colocada a 0,1 m de B, sobre a reta AB.

Resolução

A força resultante sobre Q_3 é a soma vetorial das forças de atração (as cargas têm sinais opostos) $\vec{F}_{31}$ e $\vec{F}_{32}$ exercida pelas cargas Q_1 e Q_2, respectivamente. Destacamos que a direção de ambas as forças é a mesma, no eixo $-x$, sobre a reta AB. Para calcular cada força, vamos usar a lei de Coulomb.

Dica

O diagrama de forças auxilia nos cálculos desse exercício, pois ilustra o que está acontecendo com as partículas e para que lado e para que direção elas estão atuando, como representado no Gráfico 2.1.

Gráfico 2.1
Diagrama de forças elétricas

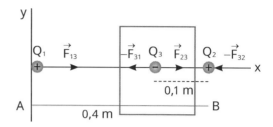

Antes da partirmos para a resolução numérica, podemos tirar algumas conclusões qualitativas por meio do diagrama. A força de atração que a carga Q_2 exerce sobre Q_3 é maior que a exercida por Q_1, pois a distância é menor; logo, a força resultante sentida por Q_3 terá direção no eixo x e sentido positivo.

Segundo a Equação 2.4, o módulo da força resultante é dado por:

$$\vec{F}_{R,3} = kQ_3\left(\frac{Q_1}{\vec{d}_{13}^{\ 2}} + \frac{Q_2}{\vec{d}_{23}^{\ 2}}\right)$$

$$\vec{F}_{R,3} = (8,99 \cdot 10^9)\left|-3 \cdot 10^{-6}\right|\left[\left(\frac{\left|5 \cdot 10^{-6}\right|}{0,3^2}\right) + \left(\frac{\left|3 \cdot 10^{-6}\right|}{0,1^2}\right)\right]$$

$$\vec{F}_{R,3} = 26,97 \cdot (0,56 \cdot 10^{-4} + 3 \cdot 10^{-4}) \cong 9,6\ N$$

Uma maneira de conferirmos se a solução numérica está correta é calcularmos as forças $\vec{F}_{31}$ e $\vec{F}_{21}$ separadamente por meio da lei de Coulomb e, depois, a força resultante, que nesse caso é: $\vec{F}_{R,3} = \vec{F}_{32} - \vec{F}_{31}$. O módulo é um número muito aproximado, e a direção e o sentido têm de ser iguais. Essa é uma boa forma de treinarmos a resolução desse tipo de exercício.

Eletrostática: origem e consequências

Para que um sistema de cargas esteja estacionário é indispensável que a força resultante sobre cada partícula seja nula.

2.3 Campo elétrico

A carga elétrica é puntiforme e, por isso, o vetor da força elétrica pode atuar em qualquer direção do espaço vazio. Assim, como fazemos para identificar em qual dimensão ela está atuando?

Michael Faraday, físico e químico inglês, propôs a ideia de campo que utilizamos atualmente em todos os âmbitos da física. Em sua concepção, um corpo A qualquer pode alterar ou modificar o espaço a sua volta e, quando um corpo B qualquer entra nesse campo, ele interage com a região alterada. Dessa maneira, o novo espaço se torna o **agente de interação** entre A e B, ou, em outras palavras, podemos dizer que é o **mecanismo** pelo qual uma força elétrica de longo alcance atua.

O termo *campo*, derivado da matemática, descreve a função que atribui um vetor a todo ponto no espaço. Quando aplicado à física, campo transmite a ideia de que a entidade física existe em todo ponto do espaço. Isto é, de fato, o que Faraday sugeriu sobre a atuação de forças de longo alcance: que o corpo – nesse caso, a carga – altera o espaço em qualquer ponto.

A alteração do espaço em torno de uma massa é chamada de *campo gravitacional*. Similarmente, a região ao redor de uma carga também é alterada, originando o campo elétrico. Dessa forma, o campo elétrico é uma alternativa para estudar a interação entre um sistema de partículas carregadas.

Por definição, o campo elétrico $\vec{E}$ é a região alterada do espaço devido à presença da carga geradora de intensidade Q, de modo que qualquer carga de prova de intensidade q fica sujeita à força de interação, seja de atração, seja de repulsão, exercida pelo campo. A equação matemática que descreve essa relação é:

$$\vec{E}_{(x,y,z)} = \frac{\vec{F}_{(x,y,z)}}{q} \quad \text{(Equação 2.5)}$$

Substituindo a Equação 2.2 na Equação 2.5 e resolvendo o resultado apenas para qualquer um dos eixos, obtemos:

$$\vec{E} = \frac{k \cdot Q}{\vec{d}^2} \quad \text{(Equação 2.6)}$$

Isso evidencia que o que importa no modelo de campo elétrico é a carga geradora Q do campo. No SI, o campo elétrico é expresso pela unidade **newton por coulomb (N/C)**.

Da mesma maneira, para um sistema de partículas, o campo elétrico resultante é calculado pela soma vetorial dos campos das cargas tomados separadamente. Assim, temos que:

$$\vec{E} = \sum_i \vec{E}_i = \sum_i \frac{k \cdot Q_i}{\vec{d}_{i,0}^2} \quad \text{(Equação 2.7)}$$

Exercício resolvido

3. Calcule o campo elétrico resultante sentido pela carga $-Q_3$ para o sistema de cargas do Exercício Resolvido 2, em que $Q_1 = 2\ \mu C$ e $Q_2 = 8\ \mu C$.

Resolução

A carga Q_3 (esfera entre as setas, na figura a seguir) pode ser considerada a carga de prova, logo seu campo não é computado. O campo elétrico resultante nesse ponto é a soma vetorial dos campos elétricos gerados por Q_1, à direita, e Q_2, à esquerda.

Gráfico 2.2
Campo elétrico exercido pelas cargas Q_1 e Q_2

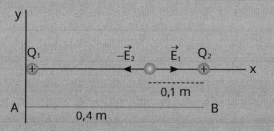

A intensidade de cada campo é obtida pela Equação 2.7, e os dois vetores $\vec{E}$, como podemos observar no Gráfico 2.2, encontram-se na direção do eixo $-x$, porém têm sentidos opostos. Assim, o campo elétrico resultante sentido por Q_3 é igual a $\vec{E}_R = \vec{E}_1 - \vec{E}_2$.

Logo, temos que:

$$\vec{E}_R = \frac{kQ_1}{\vec{d}_{13}^2} - \frac{kQ_2}{\vec{d}_{23}^2} =$$

$$= \frac{(8{,}99 \cdot 10^9) \cdot (2 \cdot 10^{-6})}{0{,}3^2} - \frac{(8{,}99 \cdot 10^9) \cdot (8 \cdot 10^{-6})}{0{,}1^2}$$

$$\vec{E}_R = 0{,}22 \cdot 10^5 - 71{,}7 \cdot 10^5 = -71{,}7 \cdot 10^5\ N/C$$

Há duas ideias relevantes sobre o campo elétrico que estudamos até agora. A primeira diz respeito ao fato de que a carga de prova q também cria seu próprio campo elétrico, mas não exerce força sobre si mesma e sua distância é igual a zero; então, q deve assumir um valor muito pequeno e que valha somente o campo elétrico de outras cargas.

Já a segunda se refere à Equação 2.5, que atribui um vetor para cada ponto do espaço, ou seja, o campo elétrico é um campo vetorial. De acordo com o que observamos no Gráfico 2.2, há apenas uma amostra muito simplificada dos vetores de $\vec{E}$, mas o campo elétrico aponta em todas as direções, sejam os vetores de $\vec{E}$ representados ou não. Por esse motivo, podemos representar geometricamente o campo vetorial por meio de curvas chamadas de *linhas do campo elétrico* ou *linhas de força*, que indicam sua respectiva direção. Essas linhas tangenciam os vetores do campo elétrico resultante em cada ponto e, por isso, nunca se cruzam, mostrando a direção do vetor $\vec{E}$ em todas as direções.

A fim de utilizarmos o conceito de linhas de campo, seguiremos as seguintes convenções: as linhas de força têm a mesma orientação do vetor do campo elétrico, de modo que, para campos gerados por cargas puntiformes positivas, as linhas são divergentes (sentido de afastamento) e, para campos gerados por cargas puntiformes negativas, as linhas são convergentes (sentido de aproximação), conforme ilustrado na Figura 2.4-A. Assim, as linhas de campo se originam nas cargas positivas e terminam nas cargas negativas. Além disso, elas são contínuas (exceto nas cargas elétricas geradoras), o número delas é proporcional à carga Q e, se esta estiver em repouso, elas não podem ser fechadas. As linhas de força geradas por um sistema de partículas, por sua vez, estão representadas na Figura 2.4-B.

Figura 2.4
Linhas de força (ou de campo elétrico)

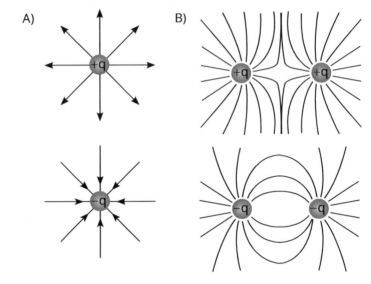

Fonte: Adaptado de Mundim, 1997.

Se a carga de prova q for negativa, como no Exercício Resolvido 3, os vetores das forças elétricas $\vec{F}_1$ e $\vec{F}_2$ apontarão no sentido oposto ao do vetor do campo elétrico gerado pelas cargas positivas Q_1 e Q_2, respectivamente. Isso porque os campos elétricos gerados pelas duas cargas estão se afastando, enquanto as forças são de atração. No entanto, se a carga de prova for positiva, $\vec{E}$ e $\vec{F}$ terão o mesmo sentido. Podemos observar, na Figura 2.5, a seguir, os sentidos de $\vec{E}$ e $\vec{F}$ nos casos em que a carga de prova q é positiva e negativa.

Figura 2.5
Sentido do vetor da força elétrica ($\vec{F}_e$) num campo elétrico ($\vec{E}$)

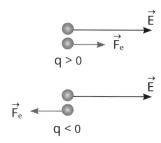

Fonte: Adaptado de Ferraro, 2013a.

Quando a carga geradora do campo tem sinal negativo (Q < 0), o vetor do campo elétrico tem sentido de aproximação. Se a carga de prova também tiver sinal negativo (q < 0), os vetores força e campo terão o mesmo sinal; se a carga de prova for positiva (q > 0), terão sentidos opostos.

> Em síntese, o vetor do campo elétrico e a força elétrica podem ter pelo menos quatro orientações diferentes devido aos sinais de interação entre as cargas, porém as direções de $\vec{E}$ e $\vec{F}$ serão sempre iguais, independentemente da situação. Nesses casos, o melhor a fazer é desenhar os vetores para não confundi-los nem errar seus sentidos.

Até agora, vimos as características do campo elétrico formado por um sistema de cargas pontuais distribuídas no espaço. Mas como se comporta um campo elétrico quando as dimensões do corpo não podem ser desprezadas?

Se um objeto eletrizado contém um número muito grande de excesso de elétrons, por exemplo, é conveniente considerarmos que as cargas estão homogeneamente distribuídas e de forma contínua em sua superfície devido ao equilíbrio entre todas as forças de repulsão, em vez de tomarmos o efeito de cada partícula negativa em separado. Essa distribuição de cargas na superfície é chamada de *densidade superficial de carga* (σs) e é calculada como sendo a razão da carga líquida Q pela área A (σs = Q/A).

Dessa maneira, para um corpo esférico de raio R uniformemente carregado com carga Q, o campo elétrico em seu exterior coincidirá com o campo de uma carga pontual se a distância d entre as cargas for maior que R, e toda a discussão sobre campo elétrico que realizamos até aqui será aplicada. No entanto, o campo elétrico no interior da esfera será zero, uma vez que a soma vetorial do campo elétrico resultante é nula e a carga dentro do corpo é zero.

Mas como fica $\vec{E}$ na superfície do corpo esférico? Em nosso modelo de campo elétrico, $\vec{E}$ será descontínuo, pois será o resultado de $\vec{E} = \dfrac{k \cdot Q}{(d)^2} = \dfrac{\sigma_s}{\varepsilon_0}$, pois d = R e $Q = \sigma_s \cdot 4\pi R^2$, relembrando que $k = \dfrac{1}{4\pi\varepsilon_0}$. Outra maneira de chegarmos a essa conclusão é recordarmos que as linhas de campo não se sobrepõem, como mostra a

Eletrostática: origem e consequências

imagem de baixo da Figura 2.4, o que acarreta um campo com interrupções.

Todavia, muitos aparelhos eletrônicos são constituídos de superfícies planas em vez de esféricas, ocas ou homogêneas. Isso é decorrente da geometria desses equipamentos e do espaço ocupado por eles, bem, como da física implicada nos efeitos de suas cargas. As superfícies carregadas – círculos, retângulos, quadrados etc. – denominam-se *elétrodos* e, apesar de serem finitas, podemos considerá-las como infinitas desde que a distância d fora do plano delas seja pequena em comparação às dimensões de suas bordas.

> Assim, o campo elétrico para uma superfície carregada é perpendicular a ela em ambos os lados.

Supondo que essa superfície seja uma placa infinita e que esteja carregada com uma distribuição uniforme de cargas positivas, os vetores do campo elétrico e as linhas de campo em qualquer ponto do espaço, dos dois lados da placa, serão perpendiculares a ela – e paralelos entre si – e apontarão para longe dela. Como a carga está igualmente distribuída pela superfície, todos os vetores têm o mesmo módulo e a mesma orientação em todos os pontos do espaço, conforme representado na Figura 2.6. Esse tipo de campo elétrico, no qual as linhas de campo são paralelas, é chamado de *campo elétrico uniforme*.

Figura 2.6
Vetores do campo elétrico de uma superfície plana carregada positivamente

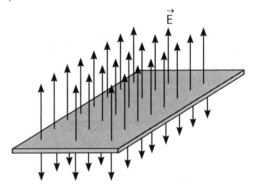

Fonte: Adaptado de Knight, 2015, p. 643.

A origem do campo elétrico uniforme é simples, e suas consequências são interessantes. Em primeiro lugar, observamos que $\vec{E}$ tem o módulo, direção e sentido iguais em todos os pontos do espaço, independentemente da distância da placa; em segundo lugar, notamos que a intensidade do campo é diretamente proporcional à densidade superficial das cargas, de modo que, quanto maior for a quantidade de cargas, maior será o campo.

É certo que nenhuma placa real tem dimensões infinitas; porém, na região próxima do centro da placa, longe das bordas, podemos assumir que o campo elétrico é **uniforme**.

> **Importante!**
>
> Dominando os conceitos e as características de campo elétrico e de carga elétrica, conseguimos compreender a interação das cargas a longas distâncias.

Anteriormente, vimos como as estruturas carregadas por cargas geram o campo elétrico. Agora, comentaremos como as cargas de prova se comportam nesse meio.

Imaginemos uma partícula de carga q e massa m em qualquer ponto de um campo elétrico $\vec{E}$ que foi produzido por uma carga geradora Q. O campo elétrico exerce sobre a carga de prova q uma força $\vec{F} = q\vec{E}$. Retomando o princípio fundamental da mecânica, que fala que $\vec{F} = m \cdot \vec{a}$, e pressupondo que a força elétrica seja a única força atuando sobre q, temos:

$$\vec{F} = \vec{F_e}$$
$$m \cdot \vec{a} = q\vec{E}$$

Isolando a, que indica a variação de velocidade de um corpo, obtemos:

$$\vec{a} = \frac{q}{m}\vec{E} \quad \text{(Equação 2.8)}$$

Nesse caso, m é a massa da partícula. Essa aceleração é a resposta da carga de prova ao campo elétrico gerado por Q.

O movimento de uma partícula carregada em um campo elétrico uniforme é de grande aplicação (como veremos no Capítulo 3), uma vez que o vetor do campo elétrico é invariável em todos os pontos do espaço no qual a partícula carregada se movimenta, o que pode ser descrito pelas equações do movimento retilíneo uniformemente variado.

Da Equação 2.8, segue-se que uma partícula carregada em um campo elétrico uniforme se movimenta com aceleração constante, cuja intensidade é dada por $\vec{a} = \frac{q}{m}\vec{E}$, e a direção é a mesma do campo elétrico, mas o sentido do movimento depende do sinal de q.

Mas como explicar que um material isolante, como o âmbar ou o plástico, pode atrair outros pequenos objetos isolantes, como a palha?

De maneira bem resumida, os corpos isolantes apresentam moléculas polares, que são dipolos elétricos permanentes, em virtude da distribuição não homogênea de suas cargas elétricas. Dessa maneira, quando as moléculas de um desses materiais sofrem a influência de um campo elétrico uniforme, por exemplo, a força elétrica resultante é nula, porém elas giram para se alinharem com o campo (Figura 2.7), tornando-se polarizadas. Uma vez que os dipolos estão todos alinhados, há excesso de carga positiva em um lado do objeto e de carga negativa no outro lado.

Figura 2.7
Dipolos elétricos permanentes sob o efeito de um campo elétrico uniforme externo

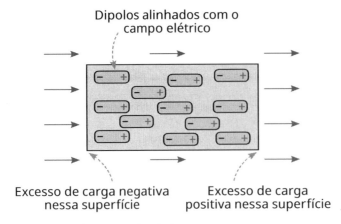

Fonte: Adaptado de Knight, 2015, p. 648, tradução nossa.

Assim, as moléculas adquirem um momento de dipolo induzido paralelo ao campo elétrico no qual estão inseridas e tornam-se polarizadas. Esse exemplo retoma as discussões sobre eletrização do início deste capítulo.

2.4 Potencial elétrico

A carga de prova q, ao sofrer a atuação de uma força elétrica, apresenta uma variação de energia. Mas de que tipo de energia estamos falando?

Para responder a essa pergunta, precisamos recordar da grandeza física **trabalho** (W), que pode ser definido como a quantidade de energia necessária para que uma força desloque um objeto (Halliday; Resnick; Walker, 2009, 2012; Knight, 2007, 2012, 2015; Tipler; Mosca, 2000b, 2009b). Por isso, a unidade de trabalho no SI é o **joule** (J), como na unidade de energia.

Nesse sentido, podemos calcular o trabalho (W) de duas maneiras: ou por **força** ou por **variação de energia**, como mostra a seguinte equação:

$$W = \vec{F} \cdot \vec{\Delta d} = \Delta E \text{ (Equação 2.9)}$$

Analisemos a situação anterior, em que uma carga de prova q é abandonada num ponto qualquer de um campo elétrico gerado por uma carga puntiforme Q. A partícula q desloca-se espontaneamente na direção e no sentido da força elétrica, realizando trabalho e, consequentemente, adquirindo **energia cinética** (K). Esta está associada à **energia potencial** (U), que é aquela que pode ser armazenada em um sistema físico e, depois, convertida em outro tipo de energia – nesse caso, a cinética.

Para o sistema em questão, o trabalho realizado sobre a partícula faz sua energia cinética aumentar, enquanto a potencial diminui. No entanto, se a mesma carga de prova q fosse deslocada no sentido oposto ao da força elétrica, o trabalho seria negativo, e sua energia potencial aumentaria e a cinética diminuiria.

Calculando o trabalho necessário para variar a energia potencial da carga de prova, temos que:

$$W = \vec{F} \cdot \vec{\Delta d} = \frac{kQq}{\vec{d^2}} \cdot \vec{\Delta d} = \Delta U$$

Como $\vec{d_2}$ e $\vec{\Delta d}$ tratam da mesma distância percorrida de $d_{inicial}$ a d_{final}, podemos simplificar a equação da seguinte forma:

$$W = \frac{kQq}{d} = \Delta U \text{ (Equação 2.10)}$$

Se considerarmos que d_{final} é muito grande, então $\frac{1}{d_{final}} \approx 0$, logo:

$$W = U = \frac{kQq}{d} \text{ (Equação 2.11)}$$

A variável **U** é a energia potencial associada ao campo elétrico e, por isso, é chamada de *energia potencial elétrica*. A ela podemos associar o **potencial elétrico** (**V**), uma grandeza física escalar vinculada à energia potencial elétrica por unidade de carga de prova, como mostra a Equação 2.12.

$$V = \frac{U}{q} \text{ (Equação 2.12)}$$

Em outras palavras, o potencial elétrico é a capacidade de uma partícula energizada realizar trabalho.

Substituindo a Equação 2.11 na Equação 2.12, e fazendo as devidas simplificações, temos que o potencial elétrico é:

$$V = k\frac{Q}{d} \text{ (Equação 2.13)}$$

No SI, o potencial elétrico é dado em *joule por coulomb* (J/C), que recebe o nome de **volt** (**V**).

Observamos, portanto, que o potencial elétrico, assim como o campo elétrico, em determinado ponto do espaço, não depende da carga de prova, mas somente da carga geradora. Se a carga de prova variar, apenas fará sua energia potencial elétrica variar proporcionalmente, mantendo constante o potencial naquele ponto. Por isso, o potencial elétrico apresenta apenas um único valor associado a cada ponto do espaço.

Como vimos anteriormente, para um sistema formado por várias cargas, o potencial elétrico em um ponto P qualquer no espaço é a soma algébrica de todos os potenciais gerados pelas cargas.

Dessa forma, temos que:

$$V = \sum_i V_i \text{ (Equação 2.14)}$$

Exercício resolvido

4. A Figura 2.8, a seguir, mostra duas cargas iguais, de valor $q = 1 \cdot 10^{-11}$ C, colocadas em dois vértices de um triângulo equilátero de lado igual a 1 cm. Nesse caso, qual é o valor do potencial elétrico no terceiro vértice do triângulo (ponto P) em volts (V)?

Figura 2.8
Cargas q_1 e q_2 para o cálculo do potencial elétrico no ponto P

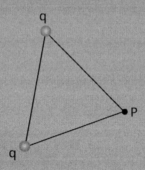

Resolução

O potencial elétrico para um sistema de cargas é dado pela Equação 2.13. A resposta foi solicitada em volts (V), ou seja, todas as grandezas devem estar no SI e, assim, d = 0,01 m. Como as distâncias e as cargas são iguais para ambas as partículas, a equação pode ser escrita como:

$$V = 2 \cdot V = 2 \cdot k\frac{Q}{d} = 2 \cdot (8,99 \cdot 10^9)\left(\frac{1 \cdot 10^{-11}}{0,01}\right) = 17,98 \text{ V}$$

Uma maneira de representar os potenciais elétricos é por meio de **superfícies equipotenciais**, que são perpendiculares às linhas do campo elétrico. Para uma carga puntiforme, as superfícies equipotenciais são circunferências concêntricas de raio R, e o valor do potencial aumenta conforme a distância diminui, mas é constante sobre a linha (Figura 2.9). Portanto, as superfícies equipotenciais dependem da distância na qual a partícula q é colocada. A distâncias pequenas da carga Q, o potencial é alto, pois é necessário mais trabalho para colocar q nessas posições, e o potencial será o mesmo se a distância R também for a mesma.

Figura 2.9
Superfícies equipotenciais para uma carga positiva

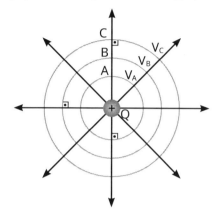

Fonte: Adaptado de Ferraro, 2016.

Nessa figura, vemos que o potencial é constante nas linhas equipotenciais, porém $V_A > V_B > V_C$. Considerando os pontos A e B, observamos que eles se encontram na mesma linha de força, porém com potenciais diferentes, dado que estão a distâncias diferentes da carga geradora Q do campo.

Figura 2.10
Superfícies equipotenciais para um sistema de cargas positivas

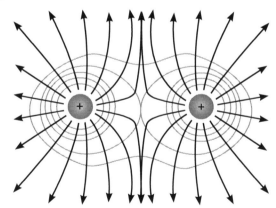

Fonte: Adaptado de Centec, 2007.

Nessa imagem, vemos que a geometria das superfícies equipotenciais é proporcional à densidade das linhas de força.

Para levarmos uma carga de A para B, precisamos realizar um trabalho por unidade de carga, o que resultará numa variação da energia potencial elétrica. Concluímos, portanto, que, para conhecermos a **diferença de potencial (ddp)**[i] entre os pontos A e B, devemos considerar a diferença de posição entre eles. Assim:

$$\Delta V = V_A - V_B =$$
$$= k\frac{Q}{d_A} - k\frac{Q}{d_B} =$$
$$= k\frac{Q}{(d_A - d_B)}$$

(Equação 2.15)

Para reforçar o conceito de ddp, ressaltamos que ela resulta da variação de energia potencial elétrica devido ao trabalho realizado pela força elétrica para movimentar a carga (como prevê a Equação 2.9).

---
i No SI, a unidade de medida da ddp, que pode ser chamada de *tensão*, também é o volt (V).

Eletrostática: origem e consequências

Pela definição de potencial elétrico, $V = \dfrac{U}{q}$. Assim, matematicamente, temos que:

$$\Delta V = \dfrac{\Delta U}{q} = \dfrac{W}{q} = \dfrac{F_e \Delta d}{q} = E\Delta d \quad \text{(Equação 2.16)}$$

Dessa maneira, o potencial elétrico e o campo elétrico estão intimamente ligados e são duas perspectivas matemáticas diferentes de como uma carga de prova se movimenta no espaço modificado por uma carga geradora Q.

Da Equação 2.16, surge uma nova unidade para o vetor do campo elétrico, que pode ser *volt por metro* (V/m), uma vez que:

$$\vec{E} = \dfrac{\Delta V}{\Delta d} \quad \text{(Equação 2.17)}$$

Exercício resolvido

5. Qual é o trabalho realizado pela força elétrica sobre um cátion (íon positivo) de carga 10 µC quando é deslocado de um ponto A ($V_A = 0$) até um ponto B de potencial igual a 20 V?

Resolução

Usando as relações entre diferença de potencial, carga e trabalho expostos na Equação 2.16, obtemos:

$$\Delta V = \dfrac{W}{q} \therefore \text{[portanto]}\ W = \Delta V \cdot q = (0 - 20) \cdot (10 \cdot 10^{-6}) = -2 \cdot 10^{-4}\ J$$

Síntese

Cargas elétricas
- Breve história da eletricidade;
- Eletrização de corpos;
- Identificação das cargas;
- Conservação das cargas;
- Quantização das cargas;
- Tipos de eletrização.

→ Princípios fundamentais da eletrostática

Força elétrica
- Lei de Coulomb;
- Sobreposição de forças para um sistema de cargas.

Campo elétrico
- Definição de campo elétrico;
- Campo elétrico para um sistema de partículas;
- Linhas de campo ou linhas de força;
- Vetor campo elétrico;

Campo elétrico para uma distribuição contínua de cargas:
- Superfície carregada;
- Placa infinita carregada;
- Campo elétrico uniforme.

Movimento de:
- Uma carga;
- Um dipolo no campo elétrico.

Potencial elétrico
- Trabalho e energia potencial elétrica;
- Definição de potencial elétrico;
- Potencial elétrico para um sistema de partículas;
- Superfícies equipotenciais;
- Diferença de potencial (caso particular para dois pontos em $\vec{E}$ uniforme);
- Relação entre potencial elétrico e campo elétrico.

Eletrostática: origem e consequências

Atividades de autoavaliação

1. Um fio de cobre está carregado positivamente. Isso quer dizer que:
   a) Ele perdeu elétrons.
   b) Ele ganhou elétrons.
   c) Ele perdeu prótons.
   d) Ele ganhou prótons.

2. Um pêndulo elétrico é um tipo de eletroscópio. Este, por sua vez, é um dispositivo usado para identificar a presença de carga elétrica num objeto. Ele é composto por duas folhas delgadas de um material condutor, como o alumínio, que estão presas a uma barra condutora provida de uma esfera na ponta. Sobre o eletroscópio, **não** podemos afirmar que:
   a) Quando está sem carga elétrica em excesso, as folhas ficam em repouso.
   b) Quando a esfera é tocada por um corpo com excesso de carga negativa, parte dessa carga passa para a barra e distribui-se pelas folhas de alumínio.
   c) No caso descrito na alternativa "b", as folhas de alumínio vão se atrair em virtude das cargas adquiridas.
   d) No caso descrito na alternativa "b", as folhas de alumínio vão se separar em virtude da repulsão das cargas negativas adquiridas.

3. Um átomo é composto pelo núcleo – com cargas positivas e neutras – e pela eletrosfera – na qual os elétrons orbitam. Sobre a força de atração entre os dois, podemos afirmar que:
   a) Se duplicarmos a carga nuclear, a força quadruplica.
   b) Se duplicarmos o raio (distância entre o núcleo e a eletrosfera), a força duplica.
   c) Um átomo compacto deve ter um raio pequeno (distância entre o núcleo e a camada de valência) e um núcleo cheio de prótons, pois a força será maior.
   d) Para aumentar a eletronegatividade do átomo, a força entre o núcleo e a eletrosfera tem de ser grande.

4. (Adaptado de PUC-Campinas – 1999) Duas pequenas esferas idênticas estão eletrizadas com cargas Q e –5Q e se atraem com uma força elétrica de intensidade F, quando estão separadas de uma distância d. Colocando-as em contato e posicionando-as, em seguida, a uma distância 2d uma da outra, a intensidade de nova força de interação elétrica entre as esferas será:
   a) F/2.
   b) F/3.
   c) F/4.
   d) F/5.

5. Qual gráfico de potencial por distância descreve melhor o campo elétrico retratado na imagem a seguir?

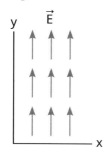

a)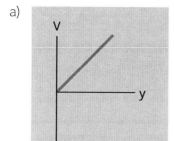

b)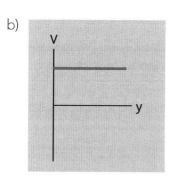

c)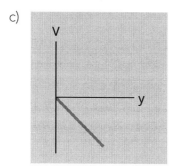

d)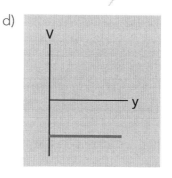

Fonte: Adaptado de Knight, 2015, p. 845.

Atividades de aprendizagem

Questões para reflexão

1. Segundo Sérgio Luiz Bragatto Boss e João José Caluzi (2007, p. 637),

   > é muito difícil realizar experiências de eletrostática em muitas localidades brasileiras, especialmente no verão. Isso decorre devido ao alto grau de umidade na atmosfera [...]. Nos países frios, o aquecimento no inverno seca o ar. É comum, por exemplo, que o corpo fique eletrizado quando se caminha sobre um tapete espesso, a ponto de soltar faíscas quando se toca um objeto metálico.

   Sabendo disso, explique o papel da água na eletrização dos corpos.

2. Por que os aparelhos eletrônicos apresentam um terceiro pino, o chamado *pino terra*? O que significa aterrar um aparelho eletrônico?

Eletrostática: origem e consequências

Atividade aplicada: prática

Leia o fragmento a seguir:

> As "pegadas de DNA" são medidas com uma técnica chamada de *eletroforese em gel*. Uma solução contendo fragmentos de DNA é colocada em uma extremidade, um poço, que contém um gel. Os fragmentos são negativamente carregados quando estão em solução e começam a migrar através do gel quando um campo elétrico externo é aplicado. Porque o gel exerce uma força contrária à força elétrica aplicada, os fragmentos se deslocam com velocidades inversamente proporcionais a seu tamanho. [...] [Além disso], marcadores fluorescentes permitem que o resultado seja observado [...].

Fonte: Knight, 2012, p. 767, tradução nossa.

Figura 2.11
Eletroforese de DNA

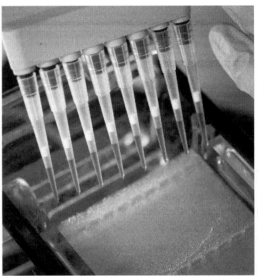

Com base no conteúdo estudado neste capítulo, desenhe um diagrama representativo de todos os componentes que influenciam na migração dos fragmentos de DNA, como a força elétrica, o campo elétrico, as linhas de força, o potencial elétrico, a molécula carregada etc.

3.
Cargas elétricas em movimento: conhecendo a eletrodinâmica

Cargas elétricas em movimento: conhecendo a eletrodinâmica

Neste capítulo, discutiremos sobre a utilização dos conceitos abordados até agora, como elétrons livres, carga elétrica e diferença de potencial (ddp), em alguns elementos que compõem os circuitos elétricos simples. Também analisaremos a ocorrência da sobrecorrente elétrica e como ela afeta o funcionamento da eletricidade em geral.

Dessa forma, entraremos no domínio da **eletrodinâmica**, o ramo da física que se dedica ao estudo do comportamento das cargas elétricas em movimento e cujo conhecimento propicia desenvolvimento e conforto tecnológico a nosso dia a dia.

Assim, trataremos das formas como a tensão (diferença de potencial), a corrente e os dispositivos elétricos se combinam e como os elementos de um circuito podem ser organizados para que usufruam da energia elétrica com a menor perda possível e de que forma podemos calcular as correntes e as voltagens utilizando as leis de Kirchhoff.

3.1 Corrente elétrica

Alguns exemplos cotidianos de fenômenos da eletrodinâmica são a transmissão e o armazenamento de energia (potencial) elétrica. Quando elétrons são colocados em um campo elétrico, podemos gerar um fluxo dessas partículas, isto é, colocá-las em movimento, e orientá-las dentro de um condutor elétrico, uma vez que elas adquirirem energia potencial elétrica. Antes, porém, façamos uma pausa e reflitamos: Como fazemos para colocar uma carga (nesse caso, os elétrons) em movimento?

No Capítulo 2, analisamos o conceito de *diferença de potencial*, a ddp, qtuet como o próprio nome diz, é a diferença de potencial elétrico entre dois locais distintos de um campo elétrico, ou seja, é a quantidade de energia potencial elétrica por unidade de carga necessária para movimentar essa carga dentro do campo elétrico.

Suponhamos que há duas placas condutoras orientadas paralelamente uma à outra, mas com cargas opostas – uma carregada positivamente e outra, negativamente. Esse arranjo dá origem a um campo elétrico entre as placas, orientado da placa positiva para a negativa. Se a distância entre elas for pequena, o campo elétrico pode ser considerado uniforme.

Agora, imaginemos que uma carga de prova positiva é colocada nesse campo; ela se moverá para longe da placa positiva, indo em direção à placa negativa. Esse deslocamento ocorre sem a necessidade de fornecimento de energia "extra", ou seja, acontece naturalmente, e a energia potencial da carga diminui[i].

Podemos concluir, então, que a placa positiva é o local de maior potencial, e a placa negativa é o de menor potencial para o campo

---
i Caso ainda não esteja claro o porquê de isso acontecer, sugerimos a leitura atenta do conteúdo sobre trabalho e conservação de energia encontrado no volume 1 da obra *Física para cientistas e engenheiros*, de Tipler e Mosca (2000a).

elétrico em questão. Temos, assim, uma diferença de potencial elétrico entre as duas placas.

Usando o mesmo exemplo, consideremos agora que as placas estão conectadas por um fio de metal. O que acontecerá nesse caso? O fio servirá como uma espécie de cano pelo qual a carga escoará entre elas.

Poderíamos idealizar que, com o decorrer do tempo, as cargas da placa positiva passariam para a placa negativa através do fio, neutralizando-a e deixando-a menos carregada, enquanto a placa positiva se tornaria menos carregada devido à migração de suas cargas. Depois de um tempo, a intensidade do campo elétrico diminuiria, uma vez que ele é proporcional à quantidade de cargas. Eventualmente, o campo elétrico entre as placas ficaria tão pequeno que não haveria mais deslocamento perceptível de cargas entre elas. Por fim, elas acabariam perdendo seus respectivos potenciais, igualando-se.

Concluímos, assim, que, na falta de uma ddp, não há cargas em movimento.

Sabendo disso, podemos afirmar que a **corrente elétrica**, representada por I, é a carga em movimento ordenado pela ddp dentro de um condutor metálico (um fio, por exemplo). Nesse contexto, a palavra *corrente* exprime a ideia de fluxo de cargas nesse fio.

A corrente elétrica é uma grandeza física que pode ser medida e expressa numericamente como sendo a taxa com a qual uma quantidade de carga Q passa através de uma seção transversal A de um fio condutor em um tempo t mensurável. Assim, a corrente elétrica é simplesmente a razão entre a quantidade de carga e tempo.

Matematicamente, ela pode ser descrita como:

$$I = \frac{Q}{\Delta t} \text{ (Equação 3.1)}$$

Nessa equação, Q é dada em coulombs (C), Δt em segundos (s) e I em coulombs por segundo (C/s). No entanto, a unidade usual para a corrente elétrica é o ampère[ii], simbolizado por A. Assim, uma corrente elétrica de 1 ampère significa que 1 coulomb de carga está passando através de uma seção transversal de um fio qualquer a cada 1 segundo.

Portanto, dizemos que:

$$1 \text{ ampère} = \frac{1 \text{ coulomb}}{1 \text{ segundo}}$$

Um gráfico de I *versus* t, conforme ilustrado no Gráfico 3.1, a seguir, pode apresentar três comportamentos diferentes: 1) se o movimento dos elétrons for contínuo ao longo do tempo, o gráfico será dado por uma linha reta (positiva ou negativa) com um único valor de I ao longo do tempo (Gráfico 3.1-A); 2) para uma corrente contínua pulsante, seu valor mudará periodicamente, porém sem variar sua direção (Gráfico 3.1-B); e 3) se o gráfico apresentar mudanças de intensidade e sentido periodicamente, como no Gráfico 3.1-C, isso indica que

---

[ii] O nome da unidade da corrente elétrica é uma homenagem a André-Marie Ampère (1775-1863), importante cientista, físico e matemático francês considerado um dos descobridores do eletromagnetismo.

Cargas elétricas em movimento: conhecendo a eletrodinâmica

os elétrons mudam a direção frequentemente – essa corrente é denominada *corrente alternada* e é a que ocorre nas redes elétricas.

Gráfico 3.1
Classificação da corrente elétrica de acordo com o gráfico de I *versus* t

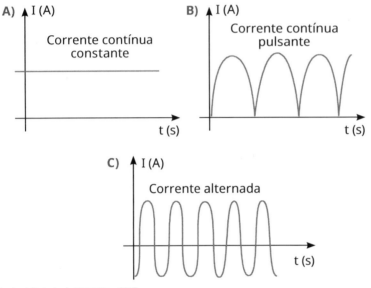

Fonte: Adaptado de Corrente..., 2017.

A diferença entre os tipos de corrente está na capacidade que elas têm de manter a quantidade de energia potencial a longas distâncias. Por exemplo: a energia elétrica (corrente alternada) que utilizamos em nossa casa é gerada em alguma usina hidrelétrica e transmitida por de centenas de quilômetros. Para manter a intensidade dessa energia, ela necessita de uma alta ddp (voltagem) para ser propagada. Já a corrente contínua é encontrada em pilhas e baterias, uma vez que a energia gerada por elas é usada diretamente nos aparelhos nos quais se encontram.

Entretanto, como discutido nos capítulos anteriores, as partículas portadoras de carga em condutores são os **elétrons livres**. E isso tem implicações tanto no sentido real quanto no convencional da corrente elétrica.

Benjamin Franklin realizou extensivos experimentos científicos nas áreas da eletricidade estática e da eletricidade dinâmica e convencionou, de acordo com o que se sabia na época, o sentido da corrente elétrica decorrente do movimento das cargas positivas – convenção que é usada ainda hoje. Por isso, há o **sentido convencional** da corrente elétrica, em que a carga e o campo elétrico têm o mesmo sentido (aquele no qual a partícula positiva se desloca) e o **sentido real** da corrente elétrica, dado pelo movimento ordenado dos elétrons no sentido oposto ao do campo elétrico.

Apesar de dizermos que a corrente elétrica flui de maneira organizada dentro do condutor, a verdade é que a locomoção dos elétrons livres pode ser considerada **caótica**, pois é caracterizada por inúmeras colisões entre eles e os átomos fixos que compõem a rede cristalina do fio. Cada colisão resulta em uma mudança de direção e de velocidade dos elétrons. Esse comportamento gera alguns efeitos, mas não altera a migração "para a frente" das partículas graças à presença da ddp.

Entre os efeitos que podemos observar, seja isolado, seja pela combinação de dois ou mais efeitos, há o térmico, ou *joule*, que ocorre quando os constantes choques dos elétrons livres fazem com que a energia cinética seja transformada em calor, provocando um aumento de temperatura do condutor.

Outro efeito comum é o **luminoso**, que acontece quando a energia elétrica é diretamente transformada em energia luminosa, como podemos observar nas antigas lâmpadas incandescentes em dispositivos semicondutores como o LED (*light emiting diode*, ou "diodo emissor de luz", em português). Já o efeito **magnético** ocorre quando um campo magnético é originado próximo ao condutor percorrido pela corrente elétrica (esse efeito será estudado com mais detalhes no próximo capítulo). O efeito **químico**, por sua vez, também conhecido como *eletrólise*, surge quando uma solução eletrolítica sofre decomposição devido à presença da corrente elétrica; dessa forma, a energia elétrica é convertida em energia química. Esse processo é utilizado na indústria como processo de purificação, como na separação de alumínio e cloro de outras substâncias.

3.2 Circuitos elétricos

Os **circuitos elétricos** são conjuntos de componentes elétricos, cada qual desempenhando seu papel, conectados por fios pelos quais passa a corrente elétrica. Isso decorre da presença de uma fonte.

Suponhamos que haja uma pequena lâmpada incandescente, uma célula eletroquímica (bateria de 9 V) e um pedaço de fio de cobre, e que precisemos conectá-los de modo a acender a lâmpada, usando obrigatoriamente os três itens, como mostra a Figura 3.1. Como poderíamos realizar tal missão?

Figura 3.1
Diagrama de um circuito elétrico básico

Após algumas tentativas, um arranjo bem-sucedido seria caracterizado pela produção de uma trajetória condutiva completa, indo do terminal (polo) positivo para o negativo, com a bateria e a lâmpada fazendo parte do caminho. Como exemplificado na Figura 3.1, a base do bocal da lâmpada conecta-se ao terminal positivo da bateria, e o fio estende-se da lateral do bocal até o polo negativo da célula. Dessa forma, um

Cargas elétricas em movimento: conhecendo a eletrodinâmica

circuito é formado com carga fluindo ao longo do percurso condutivo completo, acendendo a lâmpada.

Existem duas condições que precisam ser atendidas para que seja formado um circuito elétrico. A primeira é que deve existir um caminho condutor fechado sobre si mesmo, de modo a estabelecer um percurso sem fim entre os terminais positivo e negativo. Por isso, todas as conexões de um circuito elétrico precisam ser feitas de um material condutor capaz de transportar cargas.

Desse modo, como explicamos anteriormente, os portadores de carga num circuito elétrico serão os **elétrons livres**, fornecidos pelos átomos constituintes do condutor. Uma vez que o circuito seja fechado, uma ddp elétrico é estabelecida entre os dois terminais do circuito. A resposta dos elétrons em todas as partes do circuito é imediata ao campo elétrico formado, que os faz se moverem em um único sentido.

Já a segunda condição a ser respeitada para a obtenção de um circuito elétrico é a presença de uma ddp entre os dois terminais do circuito. Ela pode ser conseguida por meio de uma pilha, de uma bateria ou de outra fonte de energia. É essencial, portanto, a existência da fonte para aumentar a energia potencial elétrica de uma carga à medida que ela se move de um terminal de menor para um de maior energia.

> O fato de a lâmpada acender e continuar acesa é uma evidência de que a carga está fluindo pela lâmpada e de que um circuito elétrico foi estabelecido.

Para demonstrar que cargas não estão se movendo somente pela lâmpada, podemos colocar uma bússola próxima ao fio, de modo que sua agulha fique alinhada a ele. Uma vez que o circuito seja fechado, a lâmpada acende e a agulha deflete.

Nesse sentido, a agulha serve como um **detector de movimento das cargas no fio**, pois, quando ela se movimenta, significa que cargas estão passando e, quando o fio é desconectado da bateria, a lâmpada apaga e a agulha volta à posição inicial. As causas dessa interação serão estudadas no próximo capítulo.

Para analisarmos um circuito elétrico, precisamos, então, conhecer como seus componentes comportam-se diante de uma tensão (ddp) e uma corrente elétrica. Para tal, as **leis de Kirchhoff** (Halliday; Resnick; Walker, 2009, 2012; Knight, 2007, 2012, 2015; Tipler; Mosca 2000b, 2009b) são utilizadas.

As leis de Kirchhoff aplicam-se a qualquer circuito. Segundo elas:

- Quando se percorre uma malha (caminho condutor) fechada num circuito, a soma algébrica das variações de potencial elétrico é necessariamente nula. Por ser uma consequência direta da conservação de energia, essa lei também é conhecida como *lei das malhas*. Assim:

$$\sum_i V_i = \sum_i R_i I_i = 0 \text{ (Equação 3.2)}$$

- Em qualquer nó (ponto em que três ou mais condutores são ligados) do circuito, no qual a corrente se divide, a soma das correntes que fluem para esse nó é igual à soma das correntes que saem dele. Conhecida também como *lei dos nós*, essa lei é um resultado direto da conservação das cargas. Dessa forma:

$$\sum I_i = 0 \text{ (Equação 3.3)}$$

Para um circuito composto por várias malhas, é necessário aplicarmos ambas as leis – das malhas e dos nós – aos pontos em que a corrente se divide, como no caso dos pontos E e B, sinalizados com círculos, na Figura 3.2, a seguir.

Figura 3.2
Circuito elétrico

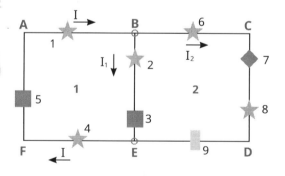

O circuito é formado por duas malhas (1 e 2), nas quais se encontram diversos componentes elétricos (enumerados de 1 a 9), representados por estrelas, losangos e quadrados. Os pontos B e E são os nós do circuito. No ponto B, a corrente I se divide em I_1 e I_2; no ponto E, as correntes I_1 e I_2 se somam e formam novamente a corrente I.

Segundo Randall Dewey Knight (2012, p. 906, tradução nossa), devemos seguir algumas etapas para aplicar as leis de Kirchhoff, quais sejam:

1) Identificar todos os nós e malhas do circuito em questão.
2) Atribuir a cada ramo do circuito um sentido arbitrário de leitura, de preferência de modo a coincidir com o sentido da corrente.
3) Sendo n o número de nós, aplicar a 2ª lei de Kirchhoff a (n – 1) nós.
4) Aplicar a 1ª lei de Kirchhoff (lei das malhas) ao número de malhas do circuito. As equações obtidas nos pontos 3 e 4 deverão formar um sistema com tantas equações lineares quantas forem as correntes que se queira determinar.
5) Analisar os resultados obtidos para as correntes. Caso uma intensidade de corrente resultar negativa, significa que seu sentido é oposto ao escolhido na etapa 2.

Agora, vamos aplicar essas etapas ao circuito da Figura 3.2.

Ao analisarmos o circuito, identificamos duas malhas, as quais são representadas pelos números 1 (malha da esquerda) e 2 (malha da direita), e dois nós, nos pontos B e E (etapa 1).

O sentido escolhido para ambas as malhas é o **horário**. Na malha 1, temos, portanto, ABEFA, e, na malha 2, BCDEB (etapa 2).

Cargas elétricas em movimento: conhecendo a eletrodinâmica

Escolhendo o sentido da corrente como horário na malha 1, aplicamos a lei dos nós no ponto B: $I = I_1 + I_2$, ou seja, a corrente que chega é igual às correntes que saem do nó. Da mesma maneira, fazemos no ponto E: $I_1 + I_2 = I$. Nesse caso, as correntes que chegam se somam para formar a corrente original I (etapa 3).

Aplicando a lei das malhas (etapa 4), observamos que:

Malha 1:

$$V_A = V_{componente\ 1} + V_{componente\ 2} + V_{componente\ 3} + V_{componente\ 4} + V_{componente\ 5} = V_A$$
$$V_A - V_A = V_{componente\ 1} + V_{componente\ 2} + V_{componente\ 3} + V_{componente\ 4} + V_{componente\ 5} = 0$$

Malha 2:

$$V_B = V_{componente\ 6} + V_{componente\ 7} + V_{componente\ 8} + V_{componente\ 9} - V_{componente\ 3} - V_{componente\ 2} = V_B$$
$$V_B - V_B = V_{componente\ 6} + V_{componente\ 7} + V_{componente\ 8} + V_{componente\ 9} - V_{componente\ 3} - V_{componente\ 2} = 0$$

Ressaltamos que o sinal para o cálculo de tensão dos elementos 2 e 3 é negativo. Isso ocorre sempre que o sentido de leitura for oposto ao sentido da corrente escolhido. A corrente I que atravessa os componentes 2 e 3 para a malha 2 tem sentido contrário ao escolhido para leitura, ou seja, tem sentido anti-horário (etapas 2 e 4).

Para calcularmos os valores de tensão dos componentes de modo que exista um sistema de equações, precisamos conhecer as características de cada um deles e saber como a ddp (V) e a corrente (I) se comportam neles e os influenciam.

Vale ressaltarmos que há casos nos quais as malhas podem ser simplificadas usando associações de componentes, de maneira a acharmos um **elemento equivalente**[iii] a eles, desde que sejam iguais.

Os componentes elétricos de um circuito elétrico podem ser associados de duas formas básicas: em **série** e em **paralelo**. Quando ligados em série, os terminais dos dispositivos coincidem e, por isso, a corrente que percorre cada elemento é a mesma devido ao princípio da conservação da carga elétrica. Já quando são ligados em paralelo, os elementos compartilham da mesma diferença de potencial, o que decorre exclusivamente da maneira como estão ligados. Portanto, a voltagem é a mesma em todos os elementos.

---

iii Um elemento equivalente é aquele que, submetido à mesma ddp da associação, permite a passagem da mesma intensidade de corrente.

3.3 Componentes de um circuito elétrico

A análise de circuitos usando componentes elétricos é necessária para compreendermos muitas redes elétricas. Analisando a maneira como a rede é afetada pelos elementos individuais, é possível estimarmos como uma rede real vai se comportar, além de determinarmos o rendimento do circuito pela razão entre a energia elétrica necessária e a dissipação da energia por calor.

Para tanto, a partir de agora, vamos ver alguns componentes ou dispositivos elétricos básicos e comuns em circuitos.

Vale a pena lembrarmos que os elementos discutidos aqui são representações ideais dos dispositivos reais. Isso quer dizer que assumiremos que eles apresentam propriedades ideais, enquanto os reais têm certo grau de não linearidade, o que leva a erros nos valores calculados, além da necessidade de combinação entre múltiplos componentes elétricos ideais para que uma função desejada seja atingida.

Os **interruptores**, também chamados de *chaves*, são usados para controlar um dos principais requisitos para que haja um circuito elétrico: iniciar ou parar a passagem de corrente elétrica em uma parte da trajetória ou no percurso todo.

Nesse sentido, as chaves mais simples nada mais são do que uma peça metálica ou um condutor móvel que passa por uma das extremidades que fazem parte do sistema. Além disso, elas podem assumir dois estados, aberto ou fechado. No estado aberto, a corrente é interrompida, e, no fechado, o circuito fica completo e a corrente pode fluir.

Para que uma corrente estável e constante seja mantida pelos elementos do circuito é necessário ligá-los a uma **fonte** constante de energia elétrica, também chamada de *tensão* ou *gerador*. Esse dispositivo é uma fonte de **força eletromotriz** (fem), cujo símbolo é ε.

A fem estabelece a medida da energia elétrica necessária para gerar um fluxo de cargas elétricas e realiza o trabalho sobre as cargas que atravessam o gerador, aumentando a energia potencial. O trabalho por unidade de carga é, portanto, a fem da fonte.

Assim, temos que:

$$\varepsilon = \frac{W}{q} \text{ (Equação 3.4)}$$

A unidade de fem é o volt (V) e pode ter valores positivos ou negativos, dependendo do sentido da corrente elétrica arbitrado.

Os geradores podem ser de corrente contínua, como as pilhas e as baterias, ou de corrente alternada, encontrada na rede elétrica.

Para simbolizar uma fonte de tensão num circuito, usamos a representação da

Cargas elétricas em movimento: conhecendo a eletrodinâmica

Figura 3.3, em que o traço maior indica o polo positivo e o traço menor, o polo negativo. Portanto, a ddp é maior no polo positivo do que no polo negativo.

Figura 3.3
Símbolo de fonte de tensão em um circuito elétrico

Uma **bateria ideal** pode ser considerada uma fonte de fem que mantém constante a ddp entre seus dois terminais. No entanto, uma bateria também oferece uma resistência à passagem da corrente elétrica, gerando uma perda que resulta numa ddp menor do que aquela originada pelo trabalho ou por sua fem.

Para indicar essa perda de energia, a fem vem acompanhada de outro elemento elétrico, o **resistor**, um dispositivo encontrado frequentemente em circuitos elétricos.

Como o próprio nome sugere, os resistores dificultam a passagem da corrente elétrica, transformando energia elétrica em energia térmica. Por isso, esses dispositivos são usados como aquecedores ou dissipadores de energia e podem ser encontrados em ferros de passar, aquecedores e chuveiros elétricos.

Para identificar os resistores em um circuito, utilizamos as representações mostradas na Figura 3.4.

Figura 3.4
Representação de resistores nos circuitos elétricos

Georg Simon Ohm, estudando as características dos condutores, verificou que, ao aplicar uma tensão V em um condutor qualquer, uma corrente elétrica de intensidade I é estabelecida. Para a maioria dos condutores, essas duas grandezas são diretamente proporcionais, de modo que:

$$\frac{V}{I} = \text{constante}$$

Assim, Ohm elaborou uma relação matemática, a **primeira lei de Ohm**, que diz que, para condutores ôhmicos ou lineares (a relação linear de V por I é obedecida), em que a temperatura é mantida constante, a intensidade da corrente elétrica é diretamente proporcional à tensão (ddp) aplicada em seus terminais (Halliday; Resnick; Walker, 2009, 2012; Knight, 2007, 2012, 2015; Tipler; Mosca, 2000b, 2009b).

A constante entre tensão (V) e corrente (I) é chamada *resistência elétrica* (R), que é a medida da capacidade do condutor de resistir ao fluxo de corrente. Sua unidade no SI é o ohm (Ω). Assim, temos que:

$$R = \frac{V}{I} \text{ (Equação 3.5)}$$

Entretanto, essa relação não se aplica a todos os resistores, pois a resistência também depende das propriedades dos componentes. Ohm observou que, além do tipo de material de que são constituídos os elementos elétricos, suas dimensões também influenciam na resistência apresentada. Dessa forma, para um condutor cilíndrico de comprimento L e de seção transversal A, a resistência aumenta com o acréscimo de L e diminui com o aumento da área de A. Assim, o físico alemão estabeleceu mais uma lei, a **segunda lei de Ohm**, que enuncia que a resistência elétrica de um condutor homogêneo e de seção transversal é diretamente proporcional a seu comprimento e inversamente proporcional à área de sua seção transversal, e depende do material do qual ele é feito (Halliday; Resnick; Walker, 2009, 2012; Knight, 2007, 2012, 2015; Tipler Mosca, 2000b, 2009b).

A expressão matemática é, então:

$$R = \frac{L}{A}\rho \text{ (Equação 3.6)}$$

Nessa expressão, ρ é a constante **resistividade elétrica** e depende do tipo do material de que é feito o componente e da faixa de temperatura em que atua. Os valores de ρ são tabelados e facilmente encontrados na *internet* ou em livros sobre o assunto. Sua unidade no SI é o ohm metro (Ωm)

Exercício resolvido

1. O raio de um fio de cobre ($\rho = 1{,}7 \cdot 10^{-8}$ Ωm) é de 0,65 cm. Qual deve ser o comprimento desse fio para obtermos uma resistência de 2,0 Ω?

Resolução

Para responder a esse exercício, devemos isolar o L da Equação 3.6, converter as unidades necessárias para o SI e supor que o fio seja circular, de modo que a área da seção transversal é πR^2.

Assim:

$$L = \frac{R \cdot A}{\rho} = \frac{2\pi \cdot (0{,}00065)^2}{1{,}7 \cdot 10^{-8}} = 156 \text{ m}$$

Conhecendo a medida de resistência dada pelo movimento desordenado dos elétrons livres nos condutores, podemos medir quanto um dispositivo aquece, ou seja, quanto de energia em forma de calor (energia térmica) ele dissipa.

A energia dissipada em um determinado intervalo de tempo é medida pela **potência elétrica** (P). Assim, temos que:

Cargas elétricas em movimento: conhecendo a eletrodinâmica

$$P = \frac{E}{\Delta t} \text{ (Equação 3.7)}$$

Nessa equação, E é a energia total do sistema, dada em joule (J), e t é o tempo, medido em segundos (s). A unidade no SI designada para medir potência é o watt (W), que significa o quanto de energia é dissipada por segundo.

Ao considerarmos que toda a energia dissipada pelo circuito é oriunda da energia potencial elétrica (E = U), admitimos que a energia térmica é igual à energia elétrica dada pela Equação 2.12, em que U = q · V; logo, a potência dissipada pode ser escrita como:

$$P = \frac{|q| \cdot V}{\Delta t} \text{ (Equação 3.8)}$$

Como $\frac{q}{\Delta t} = I$, podemos substituir na Equação 3.8:

$$P = I \cdot V \text{ (Equação 3.9)}$$

Pela primeira lei de Ohm, sabemos que, para um condutor, $V = I \cdot R$ ou $I = \frac{V}{R}$; logo, a potência dissipada também pode ser calculada das seguintes formas:

$$P = V \cdot I = I^2 \cdot R = \frac{V^2}{R} \text{ (Equação 3.10)}$$

Reorganizando as Equações 3.8 e 3.10, podemos matematizar o efeito joule como:

$$Q = I^2 \cdot R \cdot t \text{ (Equação 3.11)}$$

No entanto, essa relação só é válida se a intensidade da corrente for constante dentro do intervalo de tempo medido.

Exercício resolvido

2. Para um chuveiro elétrico de 8 000 W, quanta energia seria consumida se o aparelho ficasse ligado por 10 minutos?

Resolução

Inicialmente, precisamos converter os 10 minutos para segundos, de modo que a unidade de energia seja dada em joules; em seguida, assumimos que toda a energia elétrica consumida é convertida em calor pelo chuveiro, para então aplicarmos a Equação 3.7.

Assim:

$E = P \cdot \Delta t = 8\,000 \cdot 600 = 4\,800\,000 \text{ J} = 4\,800 \text{ kJ}$

No entanto, em muitas situações, há a necessidade de uma resistência maior do que a fornecida por um único resistor; em outras, um resistor não suporta a intensidade da corrente que o atravessa. Nesses casos, podemos utilizar vários resistores associados.

Os resistores podem ser associados em **série**, em **paralelo** ou de forma **mista**, e podem ser substituídos por um único resistor equivalente (R_{eq}).

Figura 3.5
Associação de resistores em paralelo (A) e em série (B)

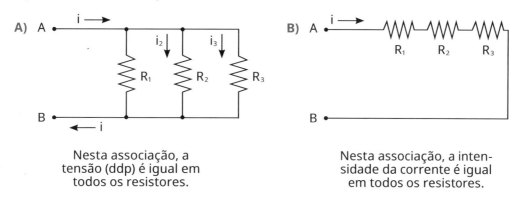

Nesta associação, a tensão (ddp) é igual em todos os resistores.

Nesta associação, a intensidade da corrente é igual em todos os resistores.

Em uma associação **em paralelo** (Figura 3.5-A), a tensão aplicada sobre os elementos é a mesma, isto é, $V = V_1 = V_2 = ... = V_n$, enquanto a corrente elétrica é dividida e depende do valor da resistência de cada elemento da associação. Dessa forma, a corrente elétrica total do circuito é $I = I_1 + I_2 + ... + I_n$.

Sabendo que $I = \frac{V}{R}$, para um resistor, para acharmos o valor do resistor equivalente temos de calcular a corrente elétrica total do sistema. Logo:

$$I = \frac{V}{R_1} + \frac{V}{R_2} + ... + \frac{V}{R_n} = V \cdot \left(\frac{1}{R_1} + \frac{1}{R_2} + ... + \frac{1}{R_n}\right), \text{ ou seja, } \frac{1}{R_{eq}} = \sum_i \frac{1}{R_i} \text{ (Equação 3.12)}$$

Já para uma associação **em série** de resistores, os resistores estão conectados em linha, de modo que só há um caminho para a corrente elétrica percorrer. Assim, $I = I_1 = I_2 = ... = I_n$. Porém, como cada resistor tem um valor de resistência específico, a tensão é diferente em cada elemento, e a tensão total da associação é dado pela soma dos potenciais de cada resistor do circuito, isto é, $V = V_1 + V_2 + ... + V_n$.

Para substituí-los por um resistor equivalente, a resistência total será:

$$V = V_1 + V_2 + ... + V_n = R_1 \cdot I + R_2 \cdot I + ... + R_n \cdot I = I(R_1 + R_2 + ... + R_n)$$

$$R_{eq} = \sum_i R_i \text{ (Equação 3.13)}$$

Quando em um mesmo circuito aparecem associações de resistores em série e em paralelo combinadas, a associação é chamada de *mista*. Para calcularmos a resistência total equivalente de um sistema com essa configuração, basta simplificarmos as associações de modo que só reste um único tipo. Uma estratégia pode ser primeiro calcularmos a resistência equivalente dos resistores em paralelo e consideramos o resultado como mais um elemento da ligação em série.

Exercício resolvido

3. Calcule a resistência equivalente do circuito a seguir.

Resolução

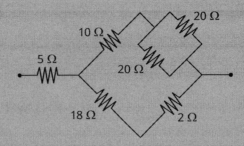

Podemos notar que há duas malhas no circuito apresentado, mas podemos simplificá-las para determinarmos as características do sistema. Assim, para acharmos a resistência equivalente do circuito, substituímos inicialmente os dois resistores ligados em paralelo por um outro que lhes seja equivalente.

Desse modo, temos que:

$$\frac{1}{R_{eq}} = \frac{1}{R_1} + \frac{1}{R_2} = \frac{1}{20} + \frac{1}{20} = \frac{1}{10}$$

$R_{eq} = 10\ \Omega$

Agora, temos duas associações em série conectadas em paralelo entre si, como ilustrado a seguir.

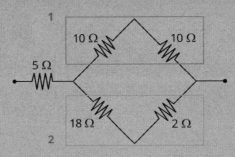

Calculando os resistores equivalentes para as associações 1 e 2, obtemos:

Associação 1: $R_{eq,1} = R_1 + R_2 = 10 + 10 = 20\ \Omega$

Associação 2: $R_{eq,2} = R_1 + R_2 = 18 + 2 = 20\ \Omega$

> Com esses valores, determinamos o resistor equivalente da ligação em paralelo. Logo:
>
> $$\frac{1}{R_{eq}} = \frac{1}{R_1} + \frac{1}{R_2} = \frac{1}{20} + \frac{1}{20} = \frac{1}{10}$$
>
> Req = 10 Ω
>
> Por fim, resolvemos a associação em série dos dois resistores restantes:
>
> $R_{eq} = R_1 + R_2 = 5 + 10 = 15\ \Omega$

A Figura 3.6, a seguir, mostra um circuito simples constituído por um resistor de resistência r ligado a uma bateria ideal, ilustrando o caso de uma **bateria real**. Nesse esquema, se a corrente variar de acordo com uma resistência R qualquer e se medirmos a voltagem fornecida pela fonte, observaremos que a intensidade da voltagem diminui com o aumento da corrente, indicando a existência de uma resistência no interior da bateria. Por esse motivo, uma bateria real (exemplo de gerador) é formada por uma fonte ideal de fem ε e uma resistência r, a resistência interna.

Figura 3.6
Diagrama de um gerador composto por uma bateria ideal (fonte) ε e uma resistência interna r

Fonte: Adaptado de Ferraro, 2013b.

Dessa forma, podemos calcular que a tensão V que um gerador fornece em seus terminais é igual à sua fem menos a tensão do resistor interno fornecida pela primeira lei de Ohm, $R = \frac{V}{I}$.

Assim, temos que:

> $V_{\text{fornecida pelo gerador real}} = V_{\text{fornecida pela bateria ideal (fonte)}} - V_{\text{do resistor interno}}$
>
> $V = \varepsilon - Ir$ (Equação 3.14)

Isso faz sentido, pois, se R = 0, então V = ε, indicando o caso de um gerador ideal em que não há dissipação de energia, ou seja, toda a energia elétrica é utilizada.

A taxa com que a fonte doa energia elétrica para o sistema dentro de um intervalo de tempo é a **potência total** fornecida pelo gerador (P_T), sendo igual à soma da potência útil fornecida pelo circuito externo (P_U) e da potência dissipada pelo gerador (P_d). Assim:

> $P_T = P_U + P_d$ (Equação 3.15)

Nessa equação, $P_T = \varepsilon \cdot I$, $P_U = V \cdot I$ e $P_d = R \cdot I^2$.

Para aumentarmos a potência fornecida pelo gerador P_T, um método é **associar os geradores**, seja em série, seja em paralelo. Todavia, as

Cargas elétricas em movimento: conhecendo a eletrodinâmica

associações em série elevam a potência fornecida por meio do aumento da fem, enquanto as associações em paralelo elevam a potência pelo aumento da intensidade da corrente.

Assim como no resistor, o princípio de funcionamento de um gerador se baseia na transformação de energia. Esse componente é capaz de transformar qualquer tipo de energia em energia elétrica e é o responsável por fornecê-la e por mantê-la quando as cargas os atravessam. Assim, sua função básica é fornecer energia para as cargas já existentes no sistema, mantendo a ddp entre os dois pontos aos quais estão ligados.

No entanto, podemos encontrar dispositivos que convertem energia elétrica em outras formas de energia (exceto a térmica), como motores, ventiladores e liquidificadores, os quais convertem energia elétrica em energia mecânica. Esses aparelhos são chamados de *receptores*.

Para esses casos, a fem atua no sentido oposto ao dos geradores – por isso, é denominada *força contraeletromotriz* (fcem) –, de modo que são as cargas elétricas que realizam trabalho sobre a fonte. Por causa disso, a convenção é adotar para os receptores um símbolo semelhante ao do gerador, mas com sentido oposto ao da corrente.

A Figura 3.7, a seguir, ilustra o diagrama de um receptor composto por uma bateria ideal (fonte) ε e uma resistência interna r. A diferença entre o receptor e o gerador está no sentido da corrente.

Figura 3.7
Diagrama de um receptor

Fonte: Adaptado de Ferraro, 2017.

Percorrendo o receptor no sentido da corrente, podemos notar que ε e r representam a diminuição no potencial das cargas que o atravessam, pois estão "perdendo" energia elétrica, de maneira que:

$$V_{\text{fornecida pelo receptor}} = V_{\text{fornecida nos terminais do receptor}} + V_{\text{do resistor interno}}$$

$$V = \varepsilon + Ir \quad (\text{Equação 3.16})$$

O receptor transforma uma parte da energia elétrica fornecida pelo gerador em energia mecânica útil, e a outra parte é dissipada sob a forma de calor. Assim como o gerador, o receptor apresenta uma resistência interna que se opõe à passagem da corrente elétrica.

Exercícios resolvidos

4. Dado o circuito a seguir, em que $\varepsilon_1 = 15$ V, $r_1 = 0,1$ Ω, $\varepsilon_2 = 11,5$ V e $r_2 = 0,08$ Ω, determine qual das fontes (ε_1 e ε_2) é o gerador e qual é o receptor. Além disso, calcule a intensidade da corrente e seu sentido, sabendo que R = 0,6 Ω.

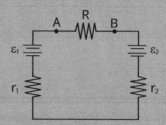

Resolução

Nessa situação, devido à presença de mais de um dispositivo, usamos as leis de Kirchhoff para solucionar o problema. A lei das malhas nos fornece a corrente. Seguindo as etapas para aplicar as leis de Kirchhoff, arbitramos um sentido de corrente qualquer (aqui, escolhemos o sentido horário, o mesmo sentido escolhido para a corrente).

Começando a calcular a tensão total pelo ponto A, temos que:

$$V_A = V_R + \varepsilon_2 + V_{r2} + V_{r1} - \varepsilon_1 = V_A$$

$$I \cdot R + 11,5 + I \cdot r_2 + I \cdot r_1 - 15 = 0$$

$$I \cdot 0,6 + 11,5 + I \cdot 0,08 + I \cdot 0,1 - 15 = 0$$

$$I \cong 4,5 \text{ A}$$

A corrente tem o sinal positivo, indicando que o sentido escolhido está correto. Logo, a corrente tem intensidade de 4,5 A e sentido horário.

O sentido de I indica que o gerador é o ε_2, r_2, e o receptor é ε_1, r_1, uma vez que a corrente entra, respectivamente, pelo polo negativo e pelo polo positivo desses elementos.

Em razão das características do receptor, a potência total recebida será igual a V · i, sendo a soma da potência mecânica útil εi e da potência dissipada por efeito joule $R \cdot I^2$.

Podemos, então, notar a diferença dos receptores em relação aos geradores. Enquanto a potência total para os receptores é a taxa da energia dissipada, para os geradores, P_T é a taxa da energia absorvida.

5. Determine a ddp entre os pontos B e E do circuito a seguir.

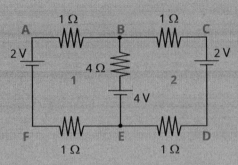

Resolução

A ddp entre os pontos B e E é dada por:

$$V_{BE} = V_B - V_E = V_{\text{resistor de } 4\Omega} + \varepsilon_{4V} = 4 \cdot I + 4$$

Para determinarmos o valor de I, aplicamos a lei das malhas e a lei dos nós.

Assim, temos dois nós no circuito: o ponto B e o ponto E. Se arbitrarmos a corrente I inicial indo de B para E, na interseção E a lei dos nós dará:

$$I = I_1 + I_2 \text{ (Equação A)},$$

como mostra a imagem a seguir, que ilustra a lei dos nós aplicada ao circuito ABCDEF.

Para a malha 1, começando em B e escolhendo o sentido da leitura como horário (BEFAB), temos:

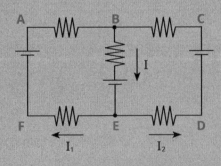

$$V_B = V_{\text{resistor } 4\Omega} + \varepsilon_{4V} + V_{\text{resistor } 1\Omega} - \varepsilon_{2V} + V_{\text{resistor } 1\Omega} = V_B$$
$$V_B = 4 \cdot I + 4 + 1 \cdot I_1 - 2 + 1 \cdot I_1 = V_B$$
$$4 \cdot I + 2 \cdot I_1 + 2 = 0 \text{ (Equação B)}$$

Para a malha 2, começando no ponto B e escolhendo o sentido da leitura como anti-horário (BEDCB), temos:

$$V_B = V_{resistor\ 4\Omega} + \varepsilon_{4V} + V_{resistor\ 1\Omega} - \varepsilon_{2V} + V_{resistor\ 1\Omega} = V_B$$

$$V_B = 4 \cdot I + 4 + 1 \cdot I_2 - 2 + 1 \cdot I_2 = V_B$$

$$4 \cdot I + 2 \cdot I_2 + 2 = 0 \text{ (Equação C)}$$

Resolvendo o sistema formado pelas Equações A, B e C, vemos que a intensidade das correntes são $I = -0,3$ A, $I_1 = -0,5$ A e $I_2 = 0,2$ A.

Substituindo o valor de I em V_{BE}, a ddp entre os pontos B e E é de aproximadamente 2,8 V.

Outro dispositivo muito utilizado em circuitos devido a sua importância e a sua função é o **capacitor**. Os condutores isolados não possuem grande capacidade de armazenar cargas elétricas em decorrência dos altos potenciais que adquirem, mesmo com pequenas cargas. Porém, ao colocarmos um condutor na presença de outro, por indução, acontece uma diminuição no potencial elétrico do corpo próximo, e este último poderá receber mais cargas elétricas até atingir o potencial-limite.

Por isso, capacitores são basicamente compostos por duas placas condutoras denominadas *armaduras*, separadas por um material isolante – um dielétrico –, que, quando ligadas a uma fonte de tensão, tornam-se carregadas, uma delas armazenando cargas positivas e a outra, negativas. Tanto as armaduras como o dielétrico podem ter formatos e tamanhos diversos e ser de diferentes materiais (Figura 3.8-A).

A corrente de um circuito composto por um capacitor ligado a vários resistores varia de intensidade com o tempo, embora ela percorra o trajeto sempre no mesmo sentido.

Quando o capacitor está **descarregado**, ele opera como se fosse um curto-circuito, ou seja, V = 0. Assim, poderíamos considerar que, nesse momento, o capacitor foi substituído por um fio condutor de resistência nula. Quando o capacitor está **inteiramente carregado**, sendo a carga máxima igual a $Q = I \cdot \varepsilon$, ele opera como se fosse uma abertura no circuito, isto é, não permite mais a passagem de corrente. Portanto, nesse caso, I = 0.

Assim, a principal função de um capacitor é armazenar cargas elétricas quando ligado a uma fonte, ou, em outras palavras, **armazenar energia potencial elétrica**.

Devido à carga e à descarga de um capacitor, podemos utilizá-lo para transformar o sinal de corrente contínua em alternada, servindo de fonte de alimentação, converter corrente pulsante em contínua ou impedir o fluxo de portadores de carga de corrente alternada, pois estão armazenando temporariamente a energia.

Figura 3.8
A) Capacitores[iv], B) esquema da composição de um capacitor e C) simbologia do capacitor

A)

B)

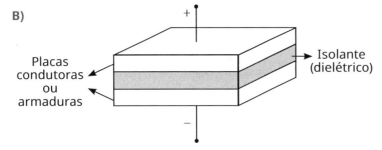

Fonte: Adaptado de Ferraro, 2012.

C)

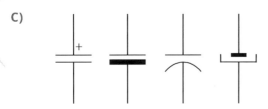

Fonte: Adaptado de Um pouco..., 2017.

A quantidade de carga Q que um capacitor pode adquirir depende de sua dimensão física, da distância de separação entre ele e os demais condutores, da natureza do material utilizado em sua fabricação, do tempo em que ficará exposto à corrente da tensão aplicada a ele. A grandeza física que quantifica a capacidade de armazenar cargas dentro dos condutores é chamada de *capacitância* ou *capacidade elétrica* (C) e é dada pela expressão:

$$C = \frac{Q}{V} \text{ (Equação 3.17)}$$

A unidade da capacitância no SI é o coulomb por volts (C/V), que recebe o nome de *farad* (F).

Em virtude das ausências e dos excessos de elétrons nos condutores positivos e negativos, respectivamente, para carregarmos um capacitor ligado a uma fonte precisamos realizar **trabalho**. Parte desse trabalho é armazenado na forma de **energia potencial eletrostática (U)**, que é dada pela área sob a curva do gráfico de tensão (V) por carga (Q) – como podemos ver no Gráfico 3.2, a seguir.

---
iv Há diversos tipos e tamanhos de capacitores, dependendo do tipo de material e da quantidade de carga que cada um pode armazenar.

Gráfico 3.2
Gráfico de tensão por carga

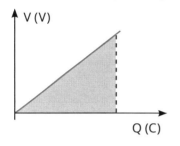

Assim, temos que:

$$U = \text{área sob a curva} = \frac{b \cdot h}{2} = \frac{Q \cdot V}{2}$$

No entanto, pela Equação 3.17, vemos que $Q = C \cdot V$. Assim, substituindo Q, temos:

$$U = \frac{C \cdot V^2}{2} \text{ (Equação 3.18)}$$

Se a energia armazenada encontrar um caminho condutor entre as placas, ela será transferida, descarregando o capacitor.

Como os outros componentes, os capacitores também podem ser **associados**. Para os capacitores associados em **paralelo**, como ilustra a Figura 3.9, todas as armaduras positivas estão ligadas a um mesmo potencial, assim como todas as negativas estão ligadas a outro potencial em comum. Portanto, as diferenças de potenciais são iguais, isto é, $V = V_1 = V_2 = ... = V_n$, e a carga Q fornecida pela fonte é distribuída entre os capacitores proporcionalmente à capacitância de cada um. Por esse motivo, a carga total é a soma da carga de todos os capacitores, ou seja, $Q = Q_1 + Q_2 + ... + Q_n$.

Figura 3.9
Associação de capacitores em paralelo

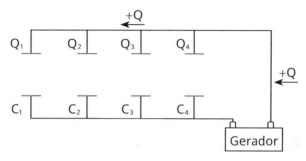

Fonte: Adaptado de Associação..., 2012.

Nessa figura, vemos que as armaduras dos capacitores ficam ligadas, cada uma, a um polo da fonte, e, por isso, são carregadas positiva e negativamente de acordo com o polo ao qual estão ligadas.

Essa associação pode ser substituída por um único capacitor equivalente (C_{eq}), cujas características são:

- Apresenta ddp igual a de todos os capacitores: $V = V_1 = V_2 = ... = V_n$.
- Tem carga armazenada igual à soma da carga de todos os capacitores: $Q = \sum_i Q_i$.
- Contém capacitância equivalente à soma de todas as capacitâncias envolvidas, isto é:

$$C_{eq} = \sum_i C_i \text{ (Equação 3.19)}$$

Na Figura 3.10, a seguir, observamos uma associação de capacitores em **série**. Nessa situação, a armadura da esquerda do primeiro capacitor (C_1) está ligada ao polo positivo da fonte, adquirindo carga positiva, e a armadura da direita do último (C_3)

fica carregada com carga negativa, uma vez que está conectada ao polo negativo da fonte. Essas cargas provocam eletrização por **indução** nas outras armaduras, de maneira que elas ficam carregadas com cargas alternadas, como podemos ver na Figura 3.10.

Figura 3.10
Associação de capacitores em série

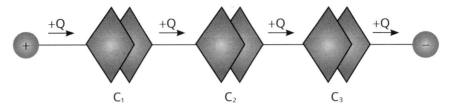

Fonte: Adaptado de Associação..., 2012.

Novamente, todos os capacitores dessa associação podem ser substituídos por um único capacitor equivalente, cujas propriedades são:

- Apresenta carga Q igual à de todos os capacitores, uma vez que esses dispositivos se carregam por indução ($Q = Q_1 = Q_2 = ... = Q_n$).
- Tem potencial elétrico igual à soma dos potenciais de todos os capacitores ($V = \sum_i V_i$).
- Contém capacitância equivalente (C_{eq}) a $C_{eq} = \frac{Q}{V}$. Como a carga Q é a mesma para todos os capacitores, mas os potenciais se somam, então:

$$V = V_1 + V_2 + ... + V_n = \frac{Q}{C_1} + \frac{Q}{C_2} + ... + \frac{Q}{C_3} = Q\left(\frac{1}{C_1} + \frac{1}{C_2} + ... + \frac{1}{C_3}\right)$$

Assim, podemos escrever a capacitância equivalente generalizada como:

$$\frac{1}{C_{eq}} = \sum_i \frac{1}{C_i} \quad \text{(Equação 3.20)}$$

Podemos encontrar ainda associações do tipo **mista**, nas quais encontramos capacitores ligados em série e em paralelo. Nesses casos, a capacitância equivalente é calculada por meio dos capacitores equivalentes para cada tipo de associação.

Exercício resolvido

6. Calcule a capacitância equivalente do circuito esquematizado a seguir.

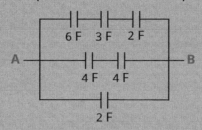

Resolução

Os capacitores de 6 F, 3 F e 2 F estão ligados em série, assim como ambos os capacitores de 4 F, e todas essas combinações estão ligadas em paralelo com o capacitor de 2 F.

Inicialmente, devemos calcular a capacitância equivalente dos dois primeiros arranjos e, depois, combinamos essas capacitâncias com a do último capacitor.

Para o cálculo da capacitância equivalente das ligações em série, vamos utilizar a Equação 3.5. Assim, para a primeira associação, temos que:

$$\frac{1}{C_{eq,1}} = \frac{1}{C_1} + \frac{1}{C_2} + \frac{1}{C_3} = \frac{1}{6} + \frac{1}{3} + \frac{1}{2} = 1$$

$C_{eq,1} = 1\ F$

Da mesma forma, a segunda associação tem a capacitância equivalente a:

$$\frac{1}{C_{eq,2}} = \frac{1}{C_1} + \frac{1}{C_2} = \frac{1}{4} + \frac{1}{4} = \frac{1}{2}$$

$C_{eq,2} = 2\ F$

Calculando a associação em paralelo (Equação 3.4) de $C_{eq,1}$, $C_{eq,2}$ e o capacitor de 2 F, vemos que a capacitância equivalente do sistema é:

$C_{eq} = C_{eq,1} + C_{eq,2} + 2 = 1 + 2 + 2 = 5\ F$

Ainda no que diz respeito aos circuitos elétricos e a seus componentes conectados em série, podemos encontrar dispositivos de segurança, como fusíveis e disjuntores, que, ao serem atravessados por uma corrente de intensidade maior do que a prevista, causam a interrupção dessa corrente, evitando que o circuito seja danificado.

Cargas elétricas em movimento: conhecendo a eletrodinâmica

Por fim, para verificarmos as correntes e as tensões de um circuito entre dois pontos, usamos **aparelhos de medida**. Quando ligados em série ao circuito, os **amperímetros** medem a intensidade da corrente. Já os **voltímetros**, usados para medição da ddp dos condutores, devem ser conectados em paralelo ao sistema. Há dispositivos que desempenham os dois papéis, os **multímetros**.

Síntese

ELETRODINÂMICA

↓

Corrente elétrica

- Definição;
- Origem;
- Intensidade: $I = \dfrac{Q}{\Delta t}$;
- Tipos: contínua, pulsante, alternada;
- Sentido: real e convencional;
- Efeitos: térmico, luminoso, químico.

Circuito elétrico ⟶ **Elementos do circuito elétrico**

- Definição;
- Condições para que haja um circuito elétrico: trajetória fechada; fonte de energia = ddp;
- Leis de Kirchhoff: lei das malhas; lei dos nós;
- Associações em: paralelo (V = constante); série (I = constante).

- Chaves ou interruptores;
- Fonte de energia: fem ($\varepsilon = \dfrac{W}{q}$);
- Resistores: definição e função/uso; característica: resistência ($R = \dfrac{V}{I}$ ou $R = \rho \cdot \dfrac{L}{A}$); balanço de energia (potência total); associação de resistores;
- Geradores: definição e função/uso; característica: tensão ($V = \varepsilon - I \cdot r$); balanço de energia (potência total); associações de geradores;
- Receptores: definição e função/uso; característica: tensão ($V = \varepsilon - I \cdot r$); balanço de energia (potência total);
- Capacitores: definição e função/uso; característica: capacitância ($C = \dfrac{Q}{V}$); associações de capacitores;
- Dispositivos de segurança;
- Dispositivos de medição: amperímetro, voltímetro e multímetro.

Atividades de autoavaliação

1. Uma corrente elétrica ocorre sempre que:
   a) um fio é carregado.
   b) uma bateria está presente.
   c) há um desequilíbrio de cargas elétricas.
   d) cargas elétricas movem-se em um circuito.

2. Um fio metálico de 2 mm de comprimento e 0,5 mm de diâmetro está isolado, e uma carga de 20 C passa por ele em 40 segundos. A intensidade da corrente elétrica, nesse caso, é igual a:
   a) 0,5 A.
   b) 10 A.
   c) 40 A.
   d) 10 000 A.

3. Um circuito elétrico é composto por diversos dispositivos, todos ligados em série. Quando um deles queima, o que acontece no sistema?
   a) A corrente, pelo princípio da conservação das cargas, continua passando pelo circuito.
   b) A corrente continua passando pelo circuito, com exceção do elemento queimado, ou seja, sem sofrer interferência deste.
   c) A corrente para de fluir no circuito a partir do elemento queimado.
   d) A corrente para de fluir em todo o circuito.

4. Dado o circuito a seguir, e respeitando o sentido da corrente arbitrado, podemos afirmar que o potencial elétrico sobre o elemento não especificado:

   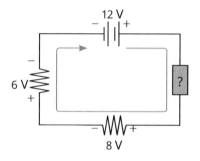

   a) Aumenta.
   b) Diminui.
   c) Permanece constante.
   d) Não existe potencial no elemento não especificado.

5. (FUNDAÇÃO FAT – FATEC – SP) – Certo trecho de um circuito, por onde passa uma corrente elétrica i, está representado com os símbolos de seus elementos.

   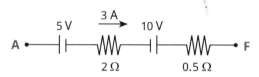

   O potencial elétrico entre os terminais dos diversos elementos pode ser representado por:

   a)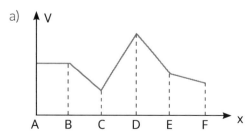

Cargas elétricas em movimento: conhecendo a eletrodinâmica

b)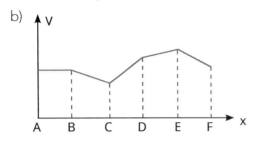

c)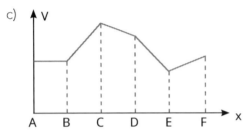

d)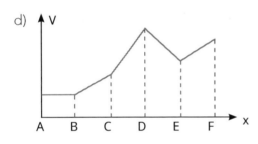

e)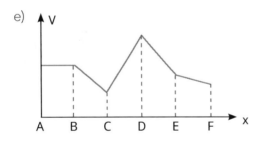

Atividades de aprendizagem

Questões para reflexão

1. Enquanto nos fios metálicos dos circuitos elétricos os portadores de cargas são os elétrons, em outros tipos de circuitos podem ser partículas positivas, negativas ou ambas. De fato, os portadores de carga em semicondutores, lâmpadas de rua e lâmpadas fluorescentes são simultaneamente positivos e negativos, viajando em direções opostas. Explique como funciona, em termos de carga e de campo elétrico, uma lâmpada fluorescente.

2. Dado o circuito a seguir, calcule a corrente (I) e a diferença de potencial (V) para cada resistor do sistema.

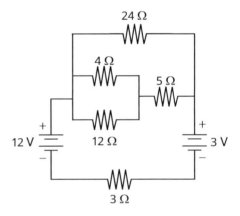

Atividade aplicada: prática

Na Seção 3.2, apresentamos um problema envolvendo uma bateria de 9 V, uma lâmpada incandescente pequena e um fio metálico, cuja solução está ilustrada na Figura 3.1. Porém há outras três configurações possíveis entre esses elementos que também servem de solução para esse problema. Descubra quais são elas.

4.

Eletromagnetismo: eletricidade + magnetismo

Eletromagnetismo: eletricidade + magnetismo

No Capítulo anterior, vimos que uma das maneiras de verificarmos se há corrente elétrica passando por um condutor ligado a uma fonte de tensão é colocando a agulha de uma bússola, por exemplo, próxima a ele. Dessa forma, se houver corrente, a agulha vai defletir. Mas por que isso acontece?

É o que veremos neste capítulo, dedicado ao **magnetismo**, a área da física que estuda a propriedade dos ímãs, além de sua relação com os fenômenos elétricos. E para entender o que acontece entre a agulha e a corrente elétrica, vamos primeiramente analisar a origem física do magnetismo, o ímã elementar. Em seguida, veremos como partículas carregadas interagem por meio da força magnética gerada pela presença de um campo magnético. Discutiremos também os efeitos do campo magnético sobre as cargas elétricas em movimento ou sobre os condutores e, por fim, verificaremos de que maneira a variação de fluxo do campo magnético pode gerar uma corrente.

Ao concluirmos este capítulo, compreenderemos por que o magnetismo e a eletricidade são manifestações diferentes de um mesmo fenômeno e, por isso, estão profundamente relacionados, pois onde houver eletricidade fluindo haverá magnetismo – da mesma forma que, se houver campo magnético, haverá força magnética, e cargas elétricas entrarão em movimento.

4.1 Ímãs elementares: a origem do campo magnético

Os fenômenos magnéticos naturais são observados desde o período da Grécia Antiga e da Roma Antiga. Filósofos da época já haviam notado que alguns seixos atraíam pequenos objetos metálicos e também podiam atrair-se mutuamente a certa distância. Esses cascalhos eram compostos por um mineral denominado *magnetita*, que recebeu esse nome em alusão à região onde os seixos eram encontrados, a cidade de Magnésia, na Turquia.

No entanto, historiadores mostram que foram os chineses os primeiros a usufruir das propriedades desse mineral por meio da invenção da bússola, contribuindo para a orientação e, por conseguinte, para a exploração de territórios.

> Mas o que a magnetita é ou tem para apresentar tais qualidades?

Para compreendermos essa propriedade, devemos voltar ao Capítulo 1 para analisar a estrutura da matéria. Conforme descrito por Cornelis Klein e Barbara Dutrow (2012), a magnetita é um composto químico formado por óxidos de ferro II e III (Fe_3O_4) e organizados em uma forma cristalina isométrica. Isso se deve a seus elétrons de valência.

Como vimos, os elétrons realizam dois tipos de movimento: eles giram em torno de seu próprio eixo (número quântico *spin*) e circulam em suas órbitas ao redor do núcleo do átomo, que também exerce movimento advindo da rotação das partículas que o constituem. Por causa disso, os elétrons formam, por assim dizer, uma pequena corrente elétrica que se move em trajetórias fechadas ao redor do núcleo, formando, assim, um circuito, o qual é chamado de *corrente atômica*.

Cada corrente atômica pode ser descrita como um **dipolo magnético (m)**. Os dipolos magnéticos são configurados pela existência de dois polos diferentes, nomeados de *polo norte* e *polo sul* e, por isso, também podem ser chamados de *ímãs elementares*. A representação de m é uma flecha que aponta do polo sul para o polo norte.

Os dipolos magnéticos dão origem às **propriedades magnéticas** da matéria, que dizem respeito à capacidade de um objeto atrair ou repelir outros corpos quando seus polos são aproximados. Se forem polos iguais, os objetos se repelem; se forem opostos, os objetos se atraem.

> Se toda matéria encontrada no Universo é composta por átomos, então por que há corpos que não apresentam os comportamentos de atrair ou de repelir outros?

Cada material encontrado a nossa volta é formado por átomos que interagem com outros átomos próximos, e essa interação determina como os dipolos magnéticos ficarão alinhados.

Pela mecânica quântica, sabemos que dois dipolos próximos e de igual intensidade anulam-se se seus polos estiverem alinhados de maneira oposta (N-S ou S-N, em que N representa o norte e S, o sul), de modo que um átomo pode não possuir dipolo magnético (Figura 4.1-A). Todavia, se os polos estiverem alinhados no mesmo sentido, paralelamente (N-N ou S-S), seus efeitos se somam, e o átomo é considerado um dipolo magnético permanente (Figura 4.1-B).

Figura 4.1
A) Alinhamento antiparalelo e
B) alinhamento paralelo de dipolos magnéticos

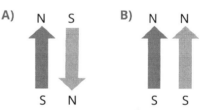

Esse comportamento é observado nos átomos de ferro.

Agora imaginemos um bloco de ferro que caiba na palma de uma mão. Esse pedaço tem milhões de ímãs elementares orientados da mesma maneira, ou seja, os de polo norte apontam em um sentido e os de sul, no sentido oposto, formando um ímã "gigante", isto é, possível de ser mensurado. Aos materiais que dispõem dessa característica denominamos *ímãs permanentes*. Por essa razão, a magnetita é também conhecida como *ímã permanente* ou *ímã natural*.

Eletromagnetismo: eletricidade + magnetismo

No entanto, se a soma média dos dipolos magnéticos for nula (ou muito próxima disso, pois o alinhamento entre eles nunca é total), devido às direções aleatórias dos dipolos, o material não apresentará nenhuma propriedade magnética macroscópica mensurável. Ele faz parte, portanto, dos chamados *materiais não magnéticos*, como um pedaço de rocha calcária.

Mas há situações em que um determinado objeto pode ter seus dipolos magnéticos orientados quando estiver na presença de um ímã externo. Este atrai um dos polos de cada um dos átomos do material, obrigando-os a girarem e a alinharem paralelamente todos os seus dipolos magnéticos com o polo do ímã externo, como ilustrado na Figura 4.2, a seguir. O resultado final será um material com polos definidos e, assim, com propriedades magnéticas.

Figura 4.2
Material ferromagnético entre ímãs permanentes

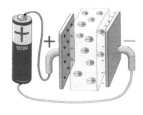

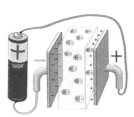

Sergey Merkulov/Shutterstock

Se essa orientação persistir após afastarmos o ímã externo, o material é chamado de *ferromagnético permanente*, como é o caso de elementos como ferro (Fe), níquel (Ni), cobalto (Co) e ligas metálicas formadas por essas substâncias. Porém, se, ao distanciarmos o objeto do ímã externo, os dipolos voltarem a suas orientações iniciais, deixando de ser magnético, ele fará parte dos materiais chamados *paramagnéticos* e *diamagnéticos*.

Os materiais paramagnéticos têm os dipolos de seus ímãs elementares orientados no mesmo sentido ao do ímã externo e, por isso, são fracamente atraídos por ele. São exemplos dessa classe de elementos o alumínio (Al) e o cobre (Cu).

Já os materiais diamagnéticos têm seus dipolos orientados no sentido oposto ao do polo do ímã externo. O resultado disso é um objeto fracamente repelido pelo ímã natural, como acontece com o ouro (Au) e a prata (Ag).

Dependendo do processo utilizado para orientar os dipolos dos materiais citados, estes podem ser, posteriormente, **desmagnetizados**. Por exemplo: se eles forem aquecidos ou se o tempo que eles passarem expostos ao ímã externo não for o suficiente para seus dipolos se alinharem, então seus domínios magnéticos (regiões da matéria nas quais todos os dipolos magnéticos seguem a mesma orientação) serão desalinhados. É por isso que depois de um tempo os ímãs de geladeira não "grudam" mais.

> Os nomes *norte* e *sul* para os polos magnéticos surgiram devido ao uso de ímãs como objetos de orientação na navegação. Para identificar o polo norte e o polo sul (regiões nas quais as propriedades magnéticas são fortemente notadas) de um ímã permanente ou de um objeto magnetizado, devemos orientá-lo de acordo com os polos terrestres. Para tal, precisamos pendurar os corpos magnetizados por seu centro de massa e deixar que se alinhem livremente com os polos terrestres. Dessa forma, o polo norte do ímã permanente apontará para a direção norte da Terra.

Além das propriedades de apresentarem polos magnéticos e serem orientados com os polos geográficos terrestres, outra característica dos ímãs diz respeito à **inseparabilidade dos polos**. Essa característica explica por que não existem monopolos magnéticos, ou seja, não encontramos materiais que dispõem de apenas um polo, seja ele norte, seja ele sul. Assim, se um ímã for dividido em vários pedaços, cada um deles dará origem a novos dipolos magnéticos, isto é, novos ímãs. Esse comportamento está intrinsecamente ligado à estrutura da matéria, como discutimos previamente.

Uma outra propriedade magnética dos ímãs são as **forças de atração** e **de repulsão** entre seus polos norte e sul. Polos iguais (N-N ou S-S) sofrem forças de repulsão e polos opostos (N-S ou S-N) sofrem forças de atração de intensidade proporcional à intensidade do campo magnético. Dependendo da distância entre os ímãs, pode não haver nenhuma ação, seja de atração, seja de repulsão, pois o campo magnético, igual ao campo elétrico, é inversamente proporcional à distância.

4.2 Campo magnético e força magnética

O físico e químico inglês Michael Faraday, que trabalhou com eletroquímica, definiu como *campo magnético* a região do espaço na qual ocorrem as interações magnéticas entre objetos que apresentam propriedades magnéticas. Por esse motivo, é possível compará-lo ao campo elétrico, estudado no Capítulo 2. Além disso, ambos apresentam características semelhantes.

O campo magnético é uma grandeza vetorial, pois apresenta direção e sentido e, por isso, é representado pelo **vetor do campo magnético** ou **vetor da indução magnética** $\vec{B}$. A direção do vetor $\vec{B}$ é a reta orientada de acordo com uma agulha quando exposta a um campo magnético, e seu sentido é para onde essa agulha aponta.

A unidade de $\vec{B}$ no Sistema Internacional de Unidades (SI) é o tesla (T).

Eletromagnetismo: eletricidade + magnetismo

Para representá-lo, usamos linhas imaginárias com o objetivo de identificar sua orientação, as chamadas *linhas de campo magnético* ou *linhas de indução magnética*, que indicam a direção da atração ou da repulsão de um determinado ponto do espaço que esteja sob a influência de objetos magnetizados.

As linhas de campo têm quatro propriedades importantes, quais sejam:

- Nunca se cruzam.
- Concentram-se naturalmente regiões nas quais o campo magnético é mais forte, ou seja, a densidade de linhas indica a intensidade do campo.
- Sempre fazem caminhos fechados, começando e terminando dentro do material (apesar de não serem desenhadas dessa forma).
- São desenhadas com setas para identificar sua direção, ou, por convenção, saem do polo norte e chegam ao polo sul (Halliday; Resnick; Walker, 2009, 2012).

A Figura 4.3 mostra a representação gráfica do comportamento do campo magnético por meio das linhas de campo. O vetor do campo magnético tem direção tangente às linhas e mesmo sentido que elas. Por causa da convenção, o polo norte é identificado pela letra N, de onde as linhas saem, e o polo sul, pela letra S, aonde as linhas chegam.

Nessa Figura 4.3, notamos que há uma maior densidade de linhas de campo próximas aos polos norte e sul, ilustrando que, nesses pontos, a intensidade do campo é maior. Todavia, ao longo do corpo do ímã, e conforme nos afastamos dele, as linhas vão se tornando paralelas entre si e igualmente espaçadas e orientadas. Nesse caso, podemos dizer que o campo magnético é *uniforme*.

De modo geral, esse tipo de campo é obtido por meio de um ímã em forma de U ou de ferradura, em que os polos norte e sul ficam paralelos entre si e o campo é formado na parte interna do objeto (Figura 4.4).

Figura 4.4
Campo magnético uniforme

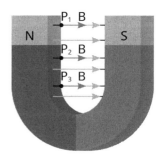

Figura 4.3
Campo magnético e linhas de campo gerados por um ímã

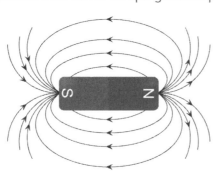

Na região interior do ímã, o vetor do campo magnético $\vec{B}$ apresenta a mesma direção, mesmo sentido e mesma magnitude em todos os pontos do espaço.

4.2.1 Partículas carregadas em meio ao campo magnético

Para determinarmos a intensidade de um campo magnético, devemos colocar uma partícula carregada num ponto qualquer dele. Devido a suas próprias características magnéticas, elas interagem com $\vec{B}$. E, se há interação entre corpos, quaisquer que sejam, há uma força atuando sobre eles.

No Capítulo 2, definimos a *força elétrica* como sendo $\vec{F} = q \cdot \vec{E}$ (Equação 2.5), ou seja, uma carga de prova q em um ponto qualquer de um campo elétrico $\vec{E}$. No entanto, agora veremos que o campo magnético também "exerce" forças sobre cargas em movimento.

Podemos verificar, por meio de experimentos, que a força magnética é proporcional à carga q e à magnitude da velocidade $\vec{v}$ da partícula. A direção da força, entretanto, é perpendicular à direção dos vetores de velocidade $\vec{v}$ e do campo magnético $\vec{B}$. Assim, a intensidade da força magnética ($\vec{F}_m$) é dada por um produto vetorial, representado por × na Equação 4.1. Logo, vemos que:

$$\vec{F}_m = q \cdot \vec{v} \times \vec{B} \text{ (Equação 4.1)}$$

Assim, uma carga de 1 C, movendo-se com velocidade de 1 m/s em direção perpendicular a de um campo magnético de 1 T, sofre uma força de 1 N (newton), isto é:

$$1[T] = 1\frac{[N/C]}{[m/s]} = 1\frac{N}{A \cdot m}$$

Uma unidade de campo magnético muito usada no sistema CGS (centímetro, grama e segundo) é o **gauss (G)**, em que:

$$1\ G = 10^{-4}\ T$$

Como $\vec{F}_m$ é perpendicular a $\vec{v}$ e a $\vec{B}$, também é perpendicular ao plano definido por esses vetores. A direção dessas grandezas é dada pela regra da mão esquerda. Segundo essa regra, o polegar representa o sentido da força magnética $\vec{F}_m$, o dedo indicador mostra o sentido de $\vec{B}$ e o dedo médio aponta no sentido de $\vec{v}$.

Na Figura 4.5, a seguir, observamos que os vetores $\vec{F}_m$, $\vec{B}$ e $\vec{v}$ são perpendiculares entre si.

Figura 4.5
Regra da mão esquerda

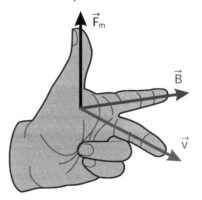

Eletromagnetismo: eletricidade + magnetismo

Se q > 0, o polegar apontará para cima (Gráfico 4.1-A); se q < 0, o polegar apontará para baixo (Gráfico 4.1-B).

Considerando o polegar o eixo z ($\vec{F}_m$), o dedo indicador, o eixo y ($\vec{B}$) e o dedo médio, o eixo x ($\vec{v}$), percebemos que $\vec{B}$ e $\vec{v}$ formam o plano xy em relação a $\vec{F}_m$.

Gráfico 4.1
Regra da mão esquerda em função da carga (q)

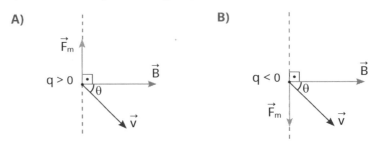

Fonte: Adaptado de Borges; Nicolau, 2011.

Neste momento, devemos esclarecer que, quando um vetor qualquer está entrando no plano xy (aqui considerado como sendo a folha ou a tela do computador), por convenção, ele é representado pelo símbolo ⊗, e, quando estiver saindo do plano xy da folha, é indicado por ⊙.

Exercício resolvido

1. Qual é a direção do vetor da força magnética que atua sobre uma partícula carregada q para as duas situações representadas a seguir?

Resolução

Para a situação "a", o campo magnético está representado por ⊗, indicando que o vetor B é perpendicular ao plano da folha e o sentido é para dentro dela. Usando a regra da mão esquerda, o dedo indicador que representa $\vec{B}$ deve ficar perpendicular ao plano da folha e apontar para dentro, enquanto o dedo médio, referente à velocidade, deve estar orientado como o vetor mostra. Posicionando a mão nessa posição, o vetor da força magnética, representado pela posição do polegar, estará paralelo ao plano da folha e apontado para cima.

> Para a situação "b", o campo magnético está saindo do plano da folha. Assim, pela regra da mão esquerda, o dedo indicador deve apontar para fora do plano da folha, o dedo médio deve ficar alinhado com o vetor da velocidade mostrado na figura, resultando no polegar novamente alinhado paralelamente à folha, porém apontando para baixo (como indicado no Gráfico 4.1-B).

Resolvendo o produto vetorial, podemos escrever a força magnética em termos de produto escalar:

$$F_m = |q| \cdot v \cdot B \cdot \operatorname{sen} \theta \quad \text{(Equação 4.2)}$$

Logo, o módulo de F_m é proporcional a $\operatorname{sen} \theta$, em que θ é o ângulo entre B e v. Se pegarmos o caso particular em que v e B são perpendiculares entre si ($\theta = 90°$), a direção de $\vec{F}$ será perpendicular a $\vec{v}$ e a $\vec{B}$ e sua intensidade será igual a $F = |q| \cdot v \cdot B$.

Para essa situação, se considerarmos que, além do campo magnético, existe um campo elétrico atuando sobre a carga q, a força resultante é dada pela **força de Lorentz**, segundo a qual:

$$\vec{F} = \vec{F}_{elétrica} + \vec{F}_{magnética} = q \cdot (\vec{E} + \vec{v} \times \vec{B})$$
$$\text{(Equação 4.3)}$$

Quando a carga q sofre um deslocamento $\vec{\Delta d}$ durante um intervalo de tempo Δt, temos que o vetor do deslocamento da partícula é dado por $\vec{\Delta d} = \vec{v} \cdot \Delta t$, e o trabalho realizado pela força de Lorentz é:

$$W = \vec{F} \cdot \vec{\Delta d} = \vec{F} \cdot \vec{v} \cdot \Delta t =$$
$$q(\vec{E} + \vec{v} \times \vec{B}) \cdot \vec{v} \cdot \Delta t = q \cdot \vec{E} \cdot \vec{v} \cdot \Delta t$$

Uma vez que $\vec{v} \cdot (\vec{v} \times \vec{B}) = 0$, e passando o Δt para o lado esquerdo, obtemos, então:

$$P = \frac{W}{\Delta t} = q \cdot \vec{E} \cdot \vec{v} \quad \text{(Equação 4.4)}$$

Essa é a expressão para a **potência P** (trabalho ou energia sobre unidade de tempo) associada à força de Lorentz, que se deve exclusivamente ao campo elétrico. Portanto, o que a Equação 4.4 nos mostra é que o campo magnético não realiza trabalho sobre as partículas.

> Em outras palavras, a condição para que ocorra trabalho é que a força que atua sobre o corpo tenha a mesma direção que o deslocamento deste. No entanto, a força magnética é sempre perpendicular à velocidade da partícula – que é a mesma direção do deslocamento. Mas o que isso significa? Que a energia cinética de uma partícula carregada em um campo puramente magnético permanece **constante**.

Como a energia cinética não se altera, o módulo da velocidade no plano *xy* é constante, e a força – e, portanto, a aceleração também – é sempre perpendicular à velocidade, o que é uma característica da aceleração centrípeta no

Eletromagnetismo: eletricidade + magnetismo

movimento circular uniforme (MCU). Em outras palavras, ocorre somente a mudança de direção da partícula, sem alterar o módulo da velocidade, para a partícula que descreve um deslocamento circular.

Dessa forma, podemos achar a trajetória da carga q usando a segunda lei de Newton (Tipler; Mosca, 2000a, 2009a).

Igualando a força centrípeta com a força magnética, temos que:

$$\vec{F} = q \cdot \vec{v} \cdot \vec{B} = m\frac{v^2}{R}$$

Isolando R, achamos o raio da órbita circular:

$$R = \frac{m \cdot \vec{v}}{q \cdot \vec{B}} \quad \text{(Equação 4.5)}$$

Percebemos, ainda, que, quanto maior for o campo magnético, maior será a força magnética e, portanto, menor o raio descrito pela partícula carregada q · E, quanto maiores a velocidade e a massa, maior o raio da trajetória descrita.

> **Importante!**
>
> A Equação 4.5 não é válida para cargas que se movimentam próximo da velocidade da luz ($v \approx 3 \cdot 10^8$ m/s), pois o valor da massa da carga e, consequentemente, do raio da trajetória seriam afetados, e correções relativísticas se fariam necessárias.

Se $\vec{v}$ e $\vec{B}$ forem paralelos entre si ($\theta = 0°$ ou $180°$), a força magnética será nula. Isso implica que a aceleração é igual a zero, resultando em duas possibilidades: 1) ou a partícula encontra-se parada 2) ou se deslocando com velocidade constante (em movimento retilíneo uniforme – MRU). Portanto, a partícula pode se deslocar livre da ação de forças.

Assim, se uma partícula for lançada obliquamente ao campo magnético, ela descreverá um movimento **helicoidal**, como mostra a Figura 4.6-A. Quando decomposta, a velocidade de deslocamento $\vec{v}$ terá uma componente $\vec{v}_x$ paralela a $\vec{B}$, descrevendo um MRU, e uma componente $\vec{v}_y$ perpendicular a $\vec{B}$, em MCU, conforme a Figura 4.6-B.

Figura 4.6
Partícula carregada lançada obliquamente ao campo $\vec{B}$

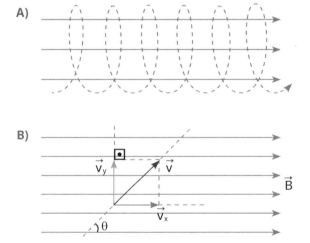

Fonte: Adaptado de Borges; Nicolau, 2011.

4.3 Relação entre eletricidade e magnetismo

Agora que estruturamos os conceitos fundamentais da eletricidade e do magnetismo, vejamos como os campos elétricos e magnéticos se relacionam.

4.3.1 Corrente elétrica gerando campo magnético

O desenvolvimento de experimentos e de instrumentos elétricos teve influência direta nas descobertas das características e das propriedades magnéticas. A grande revolução nos estudos do magnetismo aconteceu em 1820, quando **Hans Christian Ørsted**, físico e químico dinamarquês, descobriu que os fenômenos elétricos e magnéticos estavam interligados. De acordo com suas observações, cargas elétricas em movimento geram campo magnético, e campo magnético em movimento gera corrente elétrica.

Aproximadamente 60 anos depois, **Edwin Herbert Hall**, ao realizar experimentos com fios retilíneos, constatou o aparecimento de lugares com cargas negativas e outros com cargas positivas nesses fios, gerando um campo magnético perpendicular ao campo elétrico criado pela corrente principal. Esse fenômeno é conhecido atualmente como *efeito Hall*, em homenagem ao físico.

As descobertas sobre as relações entre os dois fenômenos foram sintetizadas e, atualmente, são descritas e estudadas pelas **equações de Maxwell**, que fornecem uma forte base teórica sobre tais relações entre os campos magnético e elétrico.

James Clerk Maxwell, físico e matemático escocês, demonstrou, em oito equações matemáticas, como todos os fenômenos elétricos e magnéticos se relacionam. Hoje em dia, graças ao avanço da matemática, em particular da álgebra geométrica, as relações eletromagnéticas podem ser descritas em apenas uma equação, qual seja:

$$\partial \mathsf{F} = \frac{4\pi}{c} \mathsf{J}$$

Nessa equação, o lado esquerdo da igualdade, dado pelo multivetor de Faraday $\vec{\mathsf{F}} = (\vec{\mathsf{E}} + \vec{\mathsf{B}})$, descreve como as fontes de campo criam um campo eletromagnético – $\mathsf{J} = (\rho c - \mathsf{J})$ –, chamado de *multivetor densidade de carga-corrente* (Paiva, 2006).

Aqui, devido à matemática avançada que envolve o eletromagnetismo e ao objetivo de apresentarmos brevemente os fenômenos físicos, daremos ênfase às características e à maneira como se dá a relação entre a eletricidade e o magnetismo.

Como vimos anteriormente, o campo magnético é gerado por uma corrente microscópica associada ao movimento de elétrons em suas órbitas. Por conseguinte, as correntes macroscópicas convencionais, que ocorrem em fios condutores e são formadas pelo transporte de

Eletromagnetismo: eletricidade + magnetismo

cargas em movimento, como elétrons livres e íons, também geram campo magnético.

Em experiências, constatamos que a intensidade do campo magnético criado por uma corrente elétrica que percorre um fio condutor é inversamente proporcional à distância r a que se encontra do fio e diretamente proporcional à quantidade de carga que flui por ele em um intervalo de tempo (corrente I), ou seja:

$$\vec{B} \propto C\frac{I}{r}$$

A constante de proporcionalidade C é igual a $\mu_0/2\pi$, em que μ_0 é uma constante conhecida como *permeabilidade magnética do vácuo*, cujo valor é $4\pi \cdot 10^{-7}$ T · m/A, o que nos dá a intensidade de um campo magnético gerado por um único fio.

Assim, temos a lei de Ampère, segundo a qual:

$$\vec{B} = \frac{\mu_0 I}{2\pi r} \quad \text{(Equação 4.6)}$$

Neste momento, pode surgir a seguinte dúvida: "Se $\vec{B}$ é um vetor, qual é sua orientação?". Em qualquer ponto do espaço, o campo magnético de um fio longo e reto, percorrido por uma corrente, é tangencial a uma circunferência de centro no fio e raio r, cujo valor é a distância entre o centro do fio e um ponto qualquer dentro do campo.

Para descobrirmos o sentido de $\vec{B}$, usamos a **regra da mão direita**: posicionamos o polegar em paralelo ao fio e apontado no sentido da corrente, enquanto os demais dedos envolvem o fio mostrando a região e o sentido do campo magnético (Halliday; Resnick; Walker, 2009, 2012).

Na Figura 4.7, o campo magnético tem sentido horário. No ponto P, o campo está entrando e, no ponto Q, ele está saindo do plano da folha.

Figura 4.7
Regra da mão direita

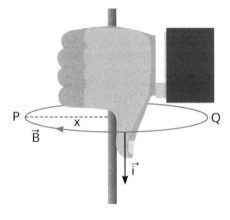

Exercício resolvido

2. Qual deve ser a distância do centro de um fio condutor retilíneo, de 4 cm de comprimento e de seção transversal desprezível, pelo qual passa uma corrente de 10 A, para que uma carga experimente um campo magnético de intensidade igual a um gauss (1 G)?

Resolução

Isolando r da Equação 4.6, obtemos: $r = \dfrac{\mu_0 I}{\vec{B} 2\pi}$.

Como $1\,G = 10^{-4}\,T$, então:

$$r = \frac{\mu_0 I}{\vec{B} 2\pi} = \frac{(4\pi \cdot 10^{-7})10}{10^{-4} \cdot 2\pi} = 0{,}02\,m$$

Desse modo, podemos concluir que, quando um fio é percorrido por uma corrente elétrica, um campo magnético é gerado, e as cargas presentes no condutor ficam submetidas à ação da força magnética. Além disso, devido à regra da mão esquerda, o vetor da velocidade $\vec{v}$ sofrerá mudanças, alterando o movimento das cargas.

Assim, imaginemos um fio condutor percorrido por uma corrente (para facilitar a compreensão, adotaremos o sentido convencional da corrente, em que os portadores de carga são positivos). Se considerarmos um pequeno pedaço desse fio ΔL, a corrente I que passa por ele será igual à carga Q dividida pelo intervalo de tempo medido Δt (Equação 4.1).

Imaginando que a força magnética sobre o conjunto de cargas é a mesma para uma única partícula (Equação 4.2), e substituindo Q (vista, nesse caso, como a carga total no segmento do fio) por $I \cdot \Delta t$, vemos que a força magnética é:

$$\vec{F}_m = I \cdot \Delta t \cdot \vec{v} \cdot \vec{B} \cdot \operatorname{sen} \theta$$

Como $\Delta t \cdot \vec{v} = \Delta L$, a força magnética exercida sobre o segmento de fio que transporta uma corrente I é dada por:

$$\vec{F}_m = I \cdot \Delta L \cdot \vec{B} \cdot \operatorname{sen} \theta \quad \text{(Equação 4.7)}$$

A direção e o sentido do vetor da força magnética são perpendiculares ao plano determinado pelos vetores $\vec{v}$ e $\vec{B}$, e pode ser determinada pela regra da mão direita.

Eletromagnetismo: eletricidade + magnetismo

> ### Exercício resolvido
>
> 3. Um sistema é constituído por dois fios paralelos pelos quais passa uma corrente elétrica de intensidade I e com a mesma direção. Os fios estão separados por uma distância x. Qual é a força exercida sobre o fio 1 pelo campo magnético gerado pelo fio 2?
>
> ### Resolução
>
> A força originada pelo campo magnético do fio 2 é dada pela Equação 4.7. Sabemos que o ângulo entre o vetor do campo magnético $\vec{B}$ e o vetor da corrente é de 90°, assim: $\vec{F} = I \cdot \Delta L \cdot \vec{B}$.
>
> Dessa forma, a intensidade do campo magnético gerado pelo fio 2 é dada pela Equação 4.6: $\vec{B} = \dfrac{\mu_0 I}{2\pi r}$.
>
> Substituindo $\vec{B}$ em $\vec{F}$ e sabendo que $r = x$, então obtemos:
>
> $$\vec{F} = I \cdot \Delta L \cdot \left(\dfrac{\mu_0 I}{2\pi r}\right) = \dfrac{\mu_0 I^2 \Delta L}{2\pi x}$$

E se a geometria do fio for diferente? Como é o campo magnético formado por um fio de forma circular (espira), por exemplo?

Nesse caso, o campo magnético não é constante ao longo dos diversos pontos do espaço devido à geometria do condutor. Como ilustra a Figura 4.8, próximo ao fio, as linhas de campo são mais espaçadas e divergem de um lado e convergem de outro.

No entanto, no interior do fio, a linhas de campo são aproximadamente paralelas e estão muito próximas, indicando que o campo magnético é mais uniforme e intenso, conforme mostra a Figura 4.9. Por isso, consideramos somente o campo no centro da espira.

Figura 4.8
Linhas de campo magnético em uma espira circular (perspectiva de cima)

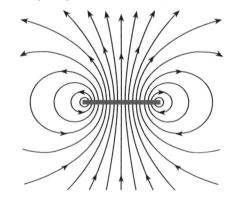

Fonte: Adaptado de Campo..., 2009.

Figura 4.9
Linhas de campo magnético em uma espira circular (perspectiva de lado)

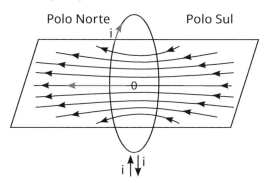

A direção do campo no centro da espira é dada pela regra da mão direita. Aplicando a regra sobre a imagem da Figura 4.8, como os dedos devem acompanhar as setas das linhas de campo, vemos que, no lado esquerdo, o polegar aponta para fora do plano da folha, enquanto, no lado direito, o polegar aponta para dentro do plano da folha, resultando no sentido da corrente da esquerda para a direita, como mostra a Figura 4.9.

Como a convenção diz que as linhas de campo saem do polo sul e entram no polo norte em um ímã, podemos dizer, por semelhança, que a espira também tem polos e, por dedução, que ela apresenta polaridade semelhante à dos ímãs. Assim, na Figura 4.8, o polo norte está voltado para cima e o polo sul aponta para baixo. Invertendo o sentido da corrente, as polaridades também se alternam.

Uma das aplicações das forças magnéticas sobre espiras expostas a um campo magnético é o **motor elétrico**, formado por dois ímãs permanentes iguais, mas de polaridades opostas, colocados paralelamente a uma distância d, de maneira a originar um campo $\vec{B}$ uniforme.

Nesse campo, é colocada uma **espira retangular** (geometria escolhida para simplificar os cálculos e explicações), que pode girar livremente sobre seu eixo, conectado a uma bateria, ou seja, uma fonte de tensão, como mostra a Figura 4.10 a seguir.

Figura 4.10
Esquema de um motor elétrico

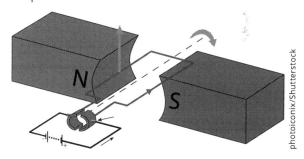

essa figura, um fio condutor na forma de uma espira é percorrido por uma corrente elétrica. Por estar sob a influência de um campo magnético uniforme, a espira sofre uma força magnética que o faz girar. A espira condutora é ligada à bateria por meio do **comutador**. Esse dispositivo é um anel metálico condutor dividido em duas partes – em amarelo na Figura 4.10 – que garante que a corrente fluirá sempre na mesma direção, mesmo quando a espira realiza meia-volta.

Eletromagnetismo: eletricidade + magnetismo

Quando a corrente passa pelo fio, há uma força magnética atuando sobre ela, e isso se deve à presença de $\vec{B}$, gerado pelos ímãs permanentes. Como dois dos lados do fio são paralelos ao eixo de rotação e perpendiculares às linhas de campo, nesses trechos, o sentido da corrente dado pelo vetor v é perpendicular ao vetor $\vec{B}$.

A força $\vec{F}_m$ resultante sobre o lado esquerdo do fio (polo norte – identificado pela letra N na Figura 4.10) tem sentido para baixo, enquanto o lado direito (polo sul – letra S na Figura 4.10) experimenta uma força resultante para cima, fazendo a espira rotacionar.

À medida que a espira gira, o ângulo entre $\vec{v}$ e $\vec{B}$ diminui, reduzindo a magnitude da força $\vec{F}_m$ e, consequentemente, seu giro. No entanto, devido à inércia, a espira continua em movimento, de maneira que as forças mudam de sentido nos respectivos segmentos do fio até atingir novamente o ponto de equilíbrio. Por isso, a espira exerce um movimento **oscilatório**.

Em razão desse comportamento, os motores elétricos são usados em lavadoras e secadoras elétricas, em limpadores de para-brisas de automóveis e em portas automáticas, por exemplo.

Para minimizar os efeitos da irregularidade do campo magnético gerado por uma única espira, podemos juntar uma série de espiras separadas por uma pequena distância, criando um **solenoide** (fio enrolado em hélice). No interior dessa peça, o campo magnético é tido como uniforme, pois seus efeitos na borda se anulam.

A magnitude do campo magnético gerado pelo solenoide é dada pela Equação 4.6 multiplicada pelo número de espiras N que o compõe. Assim:

$$\vec{B} = N \frac{\mu_0 I}{2\pi r} \text{ (Equação 4.8)}$$

E, novamente, a direção das linhas do campo é dada pela regra da mão direita.

4.3.2 Campo magnético gerando corrente elétrica

Até agora, vimos como as cargas em movimento – a corrente elétrica – podem originar um campo magnético. Mas um campo magnético pode criar corrente elétrica?

Quando uma área delimitada por um condutor (como a área de uma espira) sofre uma variação da densidade das linhas de campo, chamada de *variação* do *fluxo do campo magnético*, *fluxo de indução magnética* ou apenas *fluxo magnético*, cria-se, entre seus terminais, uma tensão. Se os terminais estiverem ligados a um circuito elétrico, essa tensão originará uma corrente denominada *corrente induzida*. Esse fenômeno é conhecido como ***indução eletromagnética***.

Assim, a corrente induzida só existe enquanto houver variação do fluxo do campo magnético, ou seja, as cargas só terão movimento enquanto houver variação do campo magnético. Para entender o porquê desse comportamento, precisamos definir o que é o **fluxo do campo magnético**, representado pela letra grega ϕ (*fi*).

Para facilitar a compreensão, vamos considerar apenas uma situação particular para uma superfície plana de área superficial A. O fluxo magnético é a força do campo magnético multiplicada por uma área. Como o campo magnético é um vetor e a área também é representada por um vetor – pois precisamos identificar sua posição no espaço –, o fluxo ϕ é definido por um produto vetorial (Figura 4.11).

Figura 4.11
Fluxo de indução magnética

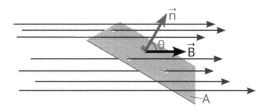

Fonte: Adaptado de Santos, 2017b.

A figura mostra a quantidade de linhas de campo magnético que atravessam uma superfície de área A. Resolvendo o produto vetorial, o fluxo magnético ϕ pode ser escrito pelo produto escalar do campo magnético $\vec{B}$, pela área da superfície A e pelo cosseno do ângulo θ, formado entre o vetor de $\vec{B}$ e a reta normal da superfície A (linha perpendicular à qualquer superfície). Logo:

$$\phi = \vec{B} \cdot A \cdot \cos \theta \text{ (Equação 4.9)}$$

A unidade do fluxo no SI é dada em weber (Wb).

Exercício resolvido

4. Determine o fluxo magnético que passa por uma espira retangular de área $5 \cdot 10^{-1}$ m² e imersa em um campo de indução magnética $\vec{B}$ de intensidade igual a $2 \cdot 10^{-2}$ T. Considere o vetor do campo de indução magnética perpendicular ao plano da espira.

Resolução

A Equação 4.9 nos fornece o cálculo do fluxo de indução magnética. Como o ângulo é 0°, podemos dizer que o sentido de $\vec{B}$ coincide com o sentido do vetor normal da área da espira. Assim:

$\phi = \vec{B} \cdot A \cdot \cos \theta = (2 \cdot 10^{-2}) \cdot (5 \cdot 10^{-1}) \cdot \cos 0° = 1 \cdot 10^{-2}$ Wb

Eletromagnetismo: eletricidade + magnetismo

Por esse motivo, o fluxo de indução magnética pode ser associado à quantidade de linhas de campo magnético que atravessam a superfície. Assim, quando ocorre uma alteração entre o ângulo formado por $\vec{B}$ e A ou uma variação do tamanho da área da superfície, a quantidade de linhas de campo (densidade) que atravessam a superfície pode variar. Por exemplo: se a superfície estiver perpendicular ao campo magnético ($\theta = 90°$), não haverá linhas de campo passando pela área delimitada pelo fio condutor, e o fluxo será zero. No entanto, para o caso extremo, em que $\theta = 0°$, o fluxo de indução magnética será máximo, pois cos 0° = 1.

Outra maneira de variarmos o fluxo é modificando o **vetor do campo elétrico**. Imaginemos uma superfície circular de raio R em cujo interior passam as linhas de campo geradas por um ímã. Se, em algum momento, o raio diminuir, todas as linhas que passavam pela área A terão de passar por uma área menor, pois o sistema físico inicial quer manter as coisas da maneira como estão e, por isso, ele resiste, criando uma tensão que faz uma corrente fluir.

Para manter a configuração inicial, o espaço entre todas as linhas de campo iniciais terá de diminuir e, consequentemente, a densidade de linhas de campo aumentará, resultando em um aumento do vetor do campo magnético $\vec{B}$.

Então, sabendo que um ímã qualquer tem campo magnético mais intenso nas proximidades de seus polos, já que as linhas de indução são mais concentradas nesses pontos, uma forma de fazer com que varie é aproximar ou afastar a superfície A do ímã, variando também $\vec{B}$.

Dessa maneira, a lei proposta pelo físico **Heinrich Lenz**, como resultado de seus experimentos, afirma que a corrente induzida tem sentido oposto ao da variação do campo magnético que a gera. Portanto, se houver diminuição do fluxo magnético, a corrente induzida criará um campo magnético com o mesmo sentido do fluxo; se houver aumento do fluxo magnético, a corrente induzida criará um campo magnético com sentido oposto ao do fluxo. Essa é a definição para a **lei de Lenz**.

Isso ocorre porque a corrente que flui gera um campo magnético que se soma ao campo magnético externo. Este diminui, e uma corrente ao redor da espira começa a fluir para criar um novo campo magnético com o objetivo de substituir o que está diminuindo. Por esse motivo, a lei de Lenz pode ser considerada uma consequência da lei da conservação de energia.

Devemos lembrar que a natureza "gosta" de ficar em equilíbrio. Por isso, se aproximarmos um ímã de uma espira, por exemplo, o campo magnético fará com que as cargas se movimentem. Mas em qual sentido? Supondo que o ímã esteja com o polo norte voltado para a espira, o sentido da corrente terá de criar um campo magnético de modo a se opor ao movimento de aproximação, ou seja, o campo magnético criado pela corrente vai "querer empurrar" a espira para seu longe do ímã, voltando à posição de equilíbrio.

Para criar repulsão entre a espira e o ímã, o sentido do campo magnético nela terá de ser de tal modo que o polo norte fique voltado para o ímã, pois N-N se repelem. Assim, o sentido na espira, dado pela regra da mão direita, é anti-horário.

A Figura 4.12 ilustra uma espira submetida a uma variação de fluxo magnético. Se aproximarmos o ímã da espira, uma corrente no sentido anti-horário surgirá na bobina (Figura 4.12-A); se afastarmos o polo norte do ímã da espira, uma corrente no sentido horário aparecerá (Figura 4.12-B).

Figura 4.12
Representação da lei de Lenz

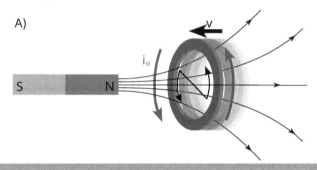

A)

A espira é aproximada do ímã, de modo que a variação de ϕ aumenta, originando uma corrente induzida no sentido anti-horário. Essa corrente, por sua vez, gera um campo magnético que vai se opor ao movimento, e o polo norte da espira se voltará para o polo norte do ímã externo.

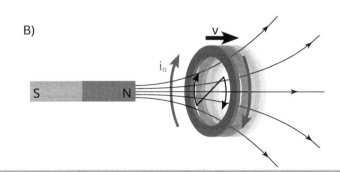

B)

A espira é afastada, e a variação de ϕ diminui. Nesse caso, a corrente induzida terá sentido horário, gerando um campo magnético que se opõe ao movimento.

Fonte: Santos, 2017c.

Faraday verificou em seus experimentos que, quando a tensão aparecia no circuito, ocorria uma variação do fluxo magnético. Ele observou que a intensidade da tensão é diretamente proporcional à variação do fluxo magnético. De forma mais precisa, a tensão ε é maior quando a variação do fluxo é aplicada por um intervalo de tempo maior. Assim, temos que:

$$\varepsilon = V = \frac{\Delta \phi}{\Delta t} \text{ (Equação 4.10)}$$

Essa é a **lei de indução de Faraday**.

Como a variação de fluxo é $\Delta \phi = \vec{B} \cdot A \cdot \cos \theta$, em que a área (A) é igual ao comprimento multiplicado pela largura da espira, logo A = deslocamento · L, isto é:

$$\varepsilon = V = \frac{\vec{B} \cdot (\Delta s \cdot L) \cdot \cos \theta}{\Delta t}$$

Sabemos que, então:

$$\varepsilon = V = \vec{B} \cdot L \cdot \vec{v} \cdot \cos \theta$$
(Equação 4.11)

Eletromagnetismo: eletricidade + magnetismo

Essa equação é escalar para um campo elétrico produzido por um fluxo magnético variável. Um campo magnético, assim, pode ser produzido tanto por uma corrente variável como por um ímã em movimento.

Síntese

Campo magnético e força magnética

Campo magnético

- Definição
- Vetor campo magnético $\vec{B}$: campo vetorial; linhas de campo ou linhas de indução magnética;
- Unidade: no SI – tesla (T); no CGS – gauss (G);
- Campo magnético uniforme;
- Partículas carregadas em meio ao campo B.

Força magnética

- Definição;
- Intensidade;
- Regra da mão esquerda;
- Força de Lorentz;
- Trabalho e potência;
- Trajetória da partícula carregada em B ($\theta = 90°$ – MCU; $\theta = 0°$ – MRU; $0 < \theta > 1$ – helicoidal).

Magnetismo

Origem do campo magnético: ímãs elementares

- Magnetita (ímã natural)
- Estrutura da matéria (elétrons)
- Micro (correntes atômicas = dipolos magnéticos ↔ ímãs elementares)
- Orientação dos dipolos
- Macro (ímãs permanentes; Materiais não magnéticos; Ferromagnéticos; Paramagnéticos; Diamagnéticos).

Propriedades magnéticas
- Polos magnéticos N e S;
- Capacidade de se orientar com os polos geográficos;
- Inseparabilidade dos polos;
- Atração e repulsão.

Relação entre magnetismo e eletricidade

Corrente elétrica gerando campo magnético

- Efeito Hall;
- Correntes macro e micro geram $\vec{B}$;
- $\vec{B}$ em um único fio: lei de Ampère; regra da mão direita; força magnética no fio;
- $\vec{B}$ em uma espira circular: linhas de campo; polos na espira;
- $\vec{B}$ em uma espira retangular: motor elétrico;
- $\vec{B}$ em um solenoide: magnitude e orientação de $\vec{B}$.

Campo magnético gerando corrente elétrica

- Corrente induzida;
- Indução eletromagnética;
- Fluxo de campo magnético;
- Vetor indução magnética;
- Lei de Lenz;
- Lei de indução de Faraday.

Atividades de autoavaliação

1. Uma partícula carregada q, com velocidade zero, é colocada em um campo magnético de magnitude B. A força elétrica que atuará sobre essa partícula terá intensidade:

   a) Igual a zero.
   b) Igual a um.
   c) Depende do ângulo.
   d) Depende dos valores de q e B.

2. Qual é a orientação do vetor da força magnética que atua sobre uma partícula eletrizada no caso apresentado?

   a) Vertical para cima.
   b) Vertical para baixo.
   c) Horizontal para a direita.
   d) Horizontal para a esquerda.

3. A Figura 4.10 ilustra os componentes de um motor elétrico. Por que não há força atuando nos segmentos perpendiculares ao eixo de rotação (paralelos ao campo magnético uniforme)?

   a) Porque o comutador não permite a passagem de corrente nesses segmentos da espira.
   b) Porque a velocidade dos portadores de carga nesses segmentos é nula.
   c) Porque o vetor resultante entre o vetor paralelo da velocidade e o vetor do campo magnético é igual a zero.
   d) Porque a força do segmento superior anula-se com a do segmento inferior.

Eletromagnetismo: eletricidade + magnetismo

4. Sobre o vetor do campo elétrico no interior de um solenoide infinito de raio r, no qual circula uma corrente elétrica I, **não** podemos afirmar que:
   a) Sua intensidade depende de r.
   b) É um campo uniforme.
   c) Se a direção da corrente que passa pelo solenoide for invertida, o sentido do campo magnético também mudará de sentido.
   d) O módulo do vetor do campo magnético duplicará se a intensidade da corrente elétrica dobrar.

5. Em um campo magnético de intensidade igual a 12 T, um fio condutor de 60 cm de comprimento desloca-se com velocidade constante de 40 m/s perpendicularmente às linhas de campo. Qual é o valor da tensão elétrica induzida entre as extremidades do fio?
   a) 2,88 V.
   b) 28,8 V.
   c) 288 V.
   d) 8,28 V.

Atividades de aprendizagem

Questões para reflexão

1. As usinas geradoras de energia elétrica utilizam um transformador para elevar a tensão, de modo a diminuir a intensidade da corrente e minimizar as perdas de energia por efeito joule durante a transmissão. A função de um transformador é aumentar ou diminuir a diferença de potencial. Trata-se, então, de um dispositivo de corrente alternada que opera com base nas leis de Faraday e de Lenz. Sabendo dessas informações, explique como funciona um transformador.

2. A ressonância magnética é um método de diagnóstico por imagem que usa ondas de radiofrequência e um forte campo magnético para obter informações detalhadas dos órgãos e dos tecidos internos do corpo, sem a utilização de radiação ionizante. Essa técnica provou ser muito valiosa para o diagnóstico de uma ampla gama de condições clínicas em todas as partes do corpo. Sobre o assunto, pesquise como a imagem é obtida por meio do campo magnético e reflita como a análise dessa imagem auxilia os médicos nos diagnósticos.

Figura 4.12
Imagem de ressonância magnética

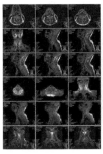
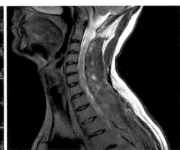

Atividade aplicada: prática

1. Que tal verificar se os equipamentos elétricos de sua casa geram campo magnético? Em um copo com um pouco de água, coloque com cuidado uma agulha, de modo que ela fique na superfície do líquido, ou pendure-a por seu centro de massa com uma linha de costura (a massa da linha tem de ser desprezível). Coloque a agulha perto dos fios e cabos de alguns equipamentos elétricos que estejam conectados à rede elétrica e ligados. O que você observou? Por que isso ocorre?

5.
Energia interna: a origem do calor

Energia interna: a origem do calor

Até o momento, vimos a parte da física que estuda as cargas das partículas que constituem os átomos e seus efeitos na geração de energia elétrica que proporciona o avanço tecnológico e científico atual e que a cada dia é incrementado e modificado.

Neste capítulo, abordaremos os componentes elétricos que dissipam parte da energia elétrica na forma de calor. Assim, veremos os conceitos fundamentais da **termodinâmica**.

Iniciaremos nossa análise tratando da energia interna e das formas de mensurá-la. Na sequência, discutiremos sobre o conceito de temperatura e falaremos sobre os tipos de calores e seus efeitos, como a dilação e a contração térmica e a mudança de estado físico da matéria. Por fim, identificaremos tipos de propagação de calor.

5.1 Energia interna: a origem do calor

No primeiro capítulo, vimos que a matéria é formada por átomos, os quais, por sua vez, são compostos por partículas, sendo as principais os prótons, os elétrons e os nêutrons. Assim, a análise de um sistema ou de objeto pode ser realizada tanto macro como microscopicamente. A escolha do tipo de abordagem vai depender do que desejamos estudar daquilo que estamos observando.

Quando estudamos o nível microscópico, devido ao grande número de variáveis e de equações envolvidas, utilizamos a **teoria cinética dos gases** ou a **mecânica estatística** para "facilitar" a manipulação e a avaliação dos dados. No entanto, se nosso estudo visa compreender os efeitos gerais ou médios das moléculas que compõem um sistema, podemos utilizar a **termodinâmica clássica macroscópica** e, dessa forma, realizar experiências com o uso de instrumentos de medida de acesso e compreensão mais fáceis aos nossos sentidos, como o termômetro, o manômetro e a régua.

Neste livro, a abordagem que faremos da termodinâmica será do ponto de vista **macroscópico**, uma vez que a teoria cinética dos gases e a mecânica estatística exigem grande bagagem teórica e necessitam, por isso, de muitos detalhes e, consequentemente, de muitas páginas, o que vai além do escopo de nosso estudo.

Apesar disso, observações sobre o comportamento microscópico dos sistemas estudados aqui auxiliam a compreensão do resultado final obtido. Assim, para entendermos o desempenho do sistema macroscópico, devemos compreendê-lo, primeiramente, no nível microscópico.

Suponhamos que o sistema microscópico seja formado por um grande número de moléculas e de átomos, os quais podem ser considerados meios contínuos, e o comportamento individual de cada um é suplantado pelo todo. As moléculas e os átomos não estão parados, mas se movendo com altíssimas velocidades em trajetórias definidas: as órbitas.

Nesse sentido, como ensina a mecânica, se um corpo (seja ele qual for) tiver movimento, ele terá energia – mais especificamente, **energia cinética**. Assim, um objeto ou sistema formado por milhões e milhões de átomos vai dispor de dois tipos de energia: a energia associada a suas partículas, que é a energia microscópica, e uma energia associada ao conjunto delas, a energia macroscópica[i], a qual chamaremos de *energia interna* (U).

Vejamos um exemplo. Um copo de água que se encontra no chão e que está à temperatura ambiente aparentemente não apresenta energia, nem cinética, nem potencial. Porém, na escala microscópica, o copo é um conjunto maciço de moléculas em alta velocidade se movimentando a centenas de metros por segundo. Por isso, se a água for jogada pela sala, sua energia macroscópica total aumentará quando impusermos o movimento em larga escala sobre ela como um todo, porém sua energia interna não será necessariamente alterada. Mas por que isso ocorre?

A energia interna pode ser decomposta em quatro tipos de energia, quais sejam:

1. **Energia cinética** – Relaciona-se aos movimentos – nesse caso, de rotação, translação e vibração das partículas.
2. **Energia potencial** – Diz respeito à posição e, consequentemente, às forças intermoleculares em cada instante de tempo.
3. **Energia intramolecular** – É resultante das diversas interações entre os átomos.
4. **Energia radiante** – Compreende as unidades de energia **hf** – em que *h* é a constante de Planck[ii] e *f* é a frequência da luz dos fótons, quando um elétron sai de sua posição de equilíbrio.

Para nosso estudo, consideraremos os sistemas compostos apenas por partículas com massa e absolutamente neutras, para que a energia radiante possa ser desprezada, simplificando a análise.

Nesse sentido, a energia interna pode ser descrita como:

$$U = \sum E_{\text{cinética, microscópica}} + \sum E_{\text{potencial, microscópica}}$$

Se o sistema em questão for um gás ideal (moléculas de gás consideradas partículas com massa definida, indeformáveis e que realizam colisões perfeitamente elásticas), podemos escrever a energia interna como:

$$U = \frac{3}{2} n \cdot R \cdot T \text{ (Equação 5.1)}$$

---
i   Para saber o que são, como se comportam e como são conservadas as várias energias macroscópicas, veja o conteúdo de trabalho e energia em física mecânica encontrado na obra *Física para cientistas e engenheiros*, v. 1, de Paul Allen Tipler e Gene Mosca (2000a, 2009a).

ii Nome dado em homenagem a Max Karl Ernst Ludwig Planck, ilustre físico alemão considerado o pai da física quântica, e vale $6{,}63 \cdot 10^{-34}$ m² · kg/s.

Energia interna: a origem do calor

Nessa equação, *n* é o número de mols do gás (quantidade de matéria de um gás), *R* é a constante universal dos gases – de valor igual a 8,31 J/mol · K – e *T* identifica a temperatura.

Mas, afinal, o que é *temperatura*?

Para responder a essa pergunta, vamos comparar a Equação 5.1 à equação da energia cinética, $K = \frac{m \cdot v^2}{2}$, considerando que U e K são os diferentes tipos de energia, n e m identificam a "quantidade" de matéria analisada, o numerador 3 advém do movimento ser tridimensional e T e v^2 são grandezas "equivalentes".

Nesse contexto, podemos definir a temperatura T como sendo a **medida de movimento** ou o **grau de agitação das moléculas**, pois, quanto maior a velocidade da molécula, mais agitada ela estará e, consequentemente, maior será sua energia, que poderá ser transferida para as demais moléculas do sistema.

Assim, de acordo com Knight (2012, p. 449), a temperatura pode ser descrita como a "medida de energia cinética e potencial média de cada grau de liberdade (número de movimentos rígidos possíveis e independentes que um corpo pode ter) para cada uma das partículas de um sistema em equilíbrio" [tradução nossa]. Por isso, quanto maior a energia interna de um dado sistema, maior será sua temperatura absoluta, e o aumento da energia interna implicará o aumento da temperatura do sistema.

Importante!

Apesar de temperaturas elevadas representarem velocidades maiores das moléculas de uma substância, uma vez que essa velocidade depende da massa dos átomos que as compõem e de suas trajetórias (livre caminho médio), os sistemas com temperaturas iguais não têm necessariamente partículas se movendo com a mesma velocidade.

Assim, podemos concluir que, devido a sua origem, a temperatura relaciona-se intrinsecamente com as demais propriedades físicas da matéria, como estado físico, densidade, pressão, condutividade elétrica, entre outras.

Para medirmos a temperatura de um corpo ou de um sistema, necessitamos de um **termômetro**, que pode ser qualquer conjunto macroscópico que sofra mudança mensurável quando sua energia interna variar por causa de fatores externos.

Existem vários tipos de termômetros, sendo o mais comum o **cilíndrico**, composto por um tubo capilar e um bulbo de vidro preenchidos com **qualquer** tipo de substância que apresente propriedade termométrica, isto é, que varie com a temperatura. De modo geral, essa substância é o mercúrio ou o álcool, que se expandem ou se contraem dependendo da temperatura do sistema analisado.

No entanto, o que define e caracteriza um termômetro é sua **escala termométrica**.

Por volta de 1717, o físico alemão **Daniel Fahrenheit** otimizou os termômetros da época, que utilizavam água e misturas como substâncias para estipular os pontos fixos e reprodutíveis das escalas de temperatura. O cientista construiu um instrumento com maior precisão e, para tal, dividiu cada grau da escala Rømer[iii] (escala com 52,5 unidades, em que o ponto de congelamento da água é de 7,5 graus e o ponto de ebulição é de 60 graus) por 4. Dessa maneira, as medidas foram quadruplicadas, e a temperatura do ponto de ebulição da água passou de 60 °R para 240 °F, enquanto o ponto de congelamento passou de 7,5 °R para 30 °F.

Mas como os valores achados ainda não eram muito precisos, o físico alemão fez alguns ajustes nos valores por meio de experimentos realizados com uma mistura de água, gelo e um tipo específico de sal, chegando, por fim, à **escala Fahrenheit**, na qual o ponto de congelamento da água é de 32 °F e o ponto de ebulição é de 212 °F.

Aproximadamente 20 anos depois, o astrônomo sueco **Anders Celsius** selou um pouco de mercúrio no interior de um pequeno tubo capilar e observou como a substância se movia para cima e para baixo do tubo conforme a temperatura variava. Celsius selecionou duas condições que qualquer pessoa pudesse reproduzir em qualquer lugar, o **congelamento** e **a ebulição da água pura**, e as definiu como o grau 0 e o 100 de seu experimento, respectivamente. Depois, o sueco marcou no tubo de vidro 100 espaços igualmente divididos entre esses dois pontos de referência. Dessa forma, o astrônomo inventou a escala termométrica que atualmente chamamos de *escala Celsius*. A unidade para essa escala de temperatura é o **grau Celsius**, identificado por °C.

A escala Celsius é mais prática de utilizar quando comparada à Fahrenheit, apesar de esta ser a mais utilizada em países de língua inglesa, especialmente nos Estados Unidos.

A comparação das medidas entre esses dois sistemas, ao nível do mar, é:

- Congelamento da água: 0 °C = 32 °F
- Ebulição da água: 100 °C = 212 °F

Portanto, a proporção de conversão entre as escalas é de 9/5. De forma mais precisa, elas se relacionam pela seguinte equação:

$$T_F = \frac{9}{5}T_C + 32 \text{ (Equação 5.2)}$$

Agora, vamos vincular a temperatura aos estados físicos da matéria.

O gás é um sistema cujas moléculas movem-se pelo espaço como partículas livres e não reagentes até colidirem com outras moléculas ou com um obstáculo, situação em

---
iii Escala de temperatura criada pelo astrônomo dinamarquês Ole Christensen Rømer.

Energia interna: a origem do calor

que ocorrerá a transferência de energia. Se tirarmos energia desse sistema, as moléculas começarão a se movimentar mais devagar, aumentando a possibilidade de fazer interações.

Nessa configuração, podemos dizer que *o sistema assumiu a forma líquida*, na qual as moléculas estão unidas por meio de ligações moleculares fracas, de modo que não podem mais deslocar-se livremente. Se continuarmos a tirar energia do sistema, o movimento das moléculas ficará cada vez menor, e o sistema se encontrará no estado sólido.

Esse estado pode ser comparado a um sistema massa-mola, no qual as partículas são as massas e as ligações entre elas são as molas, indicando, assim, que no estado sólido as partículas estão muito próximas umas das outras.

No entanto, é possível continuarmos resfriando uma substância depois de ela ter atingido 0 °C (ou 32 °F). Em um ambiente controlado, podemos fazer essa experiência e constatar que a temperatura mais baixa que conseguiremos é 273 °C abaixo de zero, ou, simplesmente, –273 °C. Nessa temperatura, chamada de *zero absoluto*, as partículas atingem o menor grau de agitação, ou seja, a menor energia possível.

Isso quer dizer que, nessa temperatura, não há movimento de moléculas e, como resultado, a energia interna é igual a zero e a temperatura também é igual zero, certo? Errado! Devemos nos lembrar de que o movimento das partículas está relacionado não só aos deslocamentos aleatórios no espaço mas também aos movimentos de vibração e de rotação, ou seja, os movimentos individuais das subpartículas que compõem o átomo e a molécula.

Se **todos** os movimentos cessassem, isso implicaria o aniquilamento da matéria, pois os elétrons da eletrosfera colidiriam com os prótons do núcleo do átomo. Por isso, não há como atingirmos o zero absoluto, apesar de cientistas já terem chegado muito próximo disso.

Assim, é prático usarmos uma escala de temperatura cujo ponto zero corresponda ao zero absoluto. Essa premissa é a base da **escala de temperatura Kelvin** ou **escala de temperatura absoluta**, simbolizada pela letra K. Tal escala dispõe do mesmo tamanho de unidade da escala Celsius, ou seja, o tamanho do grau kelvin é exatamente igual ao do grau Celsius. Portanto, a conversão entre a escala Celsius e a escala Kelvin é:

$$T_K = T_C + 273$$
(Equação 5.3)

A escala Kelvin foi adotada como oficial pelo Sistema Internacional de Unidades (SI).

> ### Exercício resolvido
>
> 1. Qual é o equivalente em kelvin de uma temperatura de −110 °F?
>
> ### Resolução
>
> Primeiramente, devemos converter a temperatura Fahrenheit para Celsius e, para tal, isolamos Tc da Equação 5.2, de modo que:
>
> $$T_C = \frac{5}{9}T_F - 32 = \frac{5}{9}(-110) - 32 = -93{,}11\ °C$$
>
> Agora, convertemos esse valor para kelvin:
>
> $$T_K = T_C + 273 = -93{,}11 + 273 \cong 180\ K$$

Na Figura 5.1, a seguir, podemos observar como as principais escalas de temperatura se relacionam. Há ainda outras escalas e, inclusive, qualquer pessoa pode desenvolver a sua.

Figura 5.1
Comparação entre as principais escalas termométricas

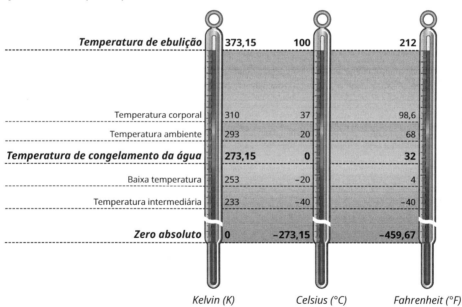

Entretanto, para que seja possível transformarmos temperaturas dadas em uma escala para outra qualquer ou relacionarmos a temperatura de um corpo a outra propriedade termométrica, como a pressão, por exemplo, devemos estabelecer uma convenção geométrica de semelhança com o objetivo de obtermos uma **função termométrica**.

Energia interna: a origem do calor

Para a construção dessa função, precisamos escolher dois pontos fixos, que geralmente são os pontos de congelamento e de ebulição da água. Depois, estabelecemos a proporção entre os pontos fixos e os da outra escala. Vejamos o exercício resolvido a seguir.

Exercício resolvido

2. Queremos medir a temperatura de um óleo, mas não dispomos de um termômetro. Porém, temos um gás confinado hermeticamente e sabemos o valor da pressão desse gás nas condições dadas na tabela a seguir:

Recipiente	Pressão do gás
Em equilíbrio térmico com uma mistura de água e gelo (também em equilíbrio térmico)	100 mmHg
Em equilíbrio térmico com vapor de água em ebulição (sob pressão normal)	350 mmHg
Em equilíbrio térmico com óleo aquecido	200 mmHg

Com base nessas informações, devemos:

a. Determinar a função termométrica desse termômetro na escala Celsius.
b. Calcular a temperatura do óleo aquecido.

Resolução

a. Colocando as informações nas escalas, podemos observar as proporções geométricas entre elas e, assim, determinar a proporção entre a escala Celsius e a escala de pressão que construímos. Assim, temos que:

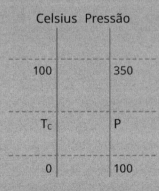

$$\frac{\Delta T_{Celsius}}{\Delta Pressão} = \frac{T_C - 0}{P - 100} = \frac{100}{250}$$

> Fazendo as simplificações de $\frac{100}{250}$ e isolando T_C, vemos que a função termométrica desse termômetro na escala Celsius é:
>
> $T_C = 0,4 (P - 100)$
>
> b. Substituindo o valor de P por 200 mmHg, na equação anterior, deduzimos que a temperatura do óleo é:
>
> $T_C = 0,4 (200 - 100) = 40\ °C$

5.2 Calor

De que maneira um sistema macroscópico como o termômetro pode medir grandezas microscópicas tais como a agitação das partículas se não podemos vê-las ou mesmo interagir com elas? A maioria dos termômetros utiliza o princípio do **equilíbrio térmico** para medir a temperatura de um sistema.

Suponhamos que haja um sistema formado por dois corpos com temperaturas diferentes. Sabemos que a natureza busca sempre equilibrar os sistemas e, por isso, irá igualar as temperaturas dos corpos. Pensando nisso, vamos introduzir o conceito de **calor**.

Quando aproximamos ou colocamos em contato dois objetos com temperaturas diferentes, observamos que o valor absoluto da temperatura do corpo mais quente é diminuído, ou seja, decai, enquanto a temperatura no outro material é elevada. Isso indica que a energia do corpo de maior temperatura é transferida para o de menor até que ambos alcancem o mesmo valor, ou seja, o equilíbrio.

Devemos ter em mente que a energia é sempre conservada quando definimos o sistema como um universo fechado, ou seja, quando o sistema está isolado, não há perda de energia, pois ela não pode ser destruída ou desaparecer, mas somente ser transferida de um corpo a outro (ou a outros) que compõe esse universo.

Como mencionamos anteriormente, a unidade de calor no SI é o joule (J), uma vez que se trata de energia em trânsito. Mas, de modo geral, essa grandeza é medida em calorias (cal). Vejamos como usá-las.

James Prescott Joule fez um experimento para comprovar a equivalência entre o trabalho mecânico e o calor, contribuindo para a elaboração conceitual do princípio da

> Dessa forma, definimos *calor* (Q) como o processo de transferência de energia de um corpo para outro exclusivamente devido à diferença de temperatura entre eles. Por isso, a temperatura pode ser considerada como a propriedade de um objeto ou de uma região do espaço que determina se haverá ou não transferência de energia (calor) para outro sistema.

Energia interna: a origem do calor

conservação de energia. Segundo seu experimento, duas massas presas por um fio passam por duas roldanas, conforme mostra a Figura 5.2. Quando as massas caem, fazem girar o sistema de pás no interior do líquido, aumentando a temperatura da água.

Em conceitos de energia, vemos que, durante a queda das massas, a energia potencial gravitacional delas diminui, enquanto a energia cinética da água aumenta devido ao aumento da energia cinética (relacionada ao movimento) das pás. Como o sistema é bem lubrificado, podemos dizer que é conservativo, ou seja, não há a dissipação de energia por causa do atrito entre as peças, de maneira que toda a energia potencial gravitacional das massas é convertida em energia cinética para as pás e, consequentemente, para a água, aumentando sua energia interna. Devido a isso, a temperatura da água aumenta, o que demonstra que o trabalho realizado pela força da gravidade é convertido em aumento da energia interna do sistema. Quando as massas estão paradas, o sistema encontra-se em repouso.

Figura 5.2
Experimento de Joule que estipulou a equivalência mecânica do calor

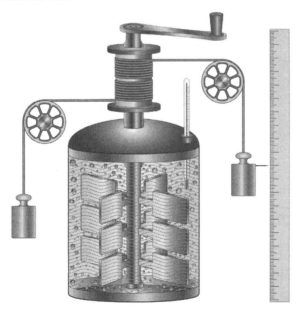

O chamado *equivalente mecânico do calor* (vínculo entre o trabalho e a quantidade de energia transferida na forma de calor) é a relação 1 cal = 4,186 J, em que *cal* é a quantidade de energia necessária para elevar em um grau Celsius (1 °C) a temperatura de um grama (1 g) de água.

Logo, a quantidade de calor necessária para que um corpo mude em 1 °C sua temperatura pode ser determinada pela **capacidade térmica**, pois cada corpo comporta-se de maneira diferente quando recebe ou doa certa quantidade de calor em decorrência de sua constituição molecular e atômica. Por exemplo: quando pegamos duas colheres, uma de plástico e outra de metal, de dentro da gaveta da cozinha, a de metal parece ser mais fria, porém ambas têm a mesma temperatura, que é a do ambiente.

Assim, a capacidade térmica é uma grandeza que depende da quantidade de calor recebida e da variação de temperatura sofrida por um corpo. Matematicamente, essa relação pode ser descrita como:

$$C = \frac{Q}{\Delta T} \text{ (Equação 5.4)}$$

A unidade de medida da capacidade térmica no sistema internacional é joule por kelvin (J/K), porém a unidade frequentemente utilizada é caloria por grau Celsius (cal/°C).

Imaginemos agora um experimento envolvendo dois conjuntos compostos por latas idênticas, mas com quantidades diferentes de água. Uma lata tem o dobro de água em relação à outra, e ambas estão apoiadas sobre lamparinas, como ilustra a Figura 5.3. Essas lamparinas fornecem quantidades de calor idênticas para as massas de água. Se colocássemos um termômetro dentro de cada lata, veríamos que a massa de água menor, depois de um certo tempo, estaria com uma temperatura maior.

Figura 5.3
Experimento para determinar a temperatura de quantidades de massas diferentes de água

Esquema de Montagem

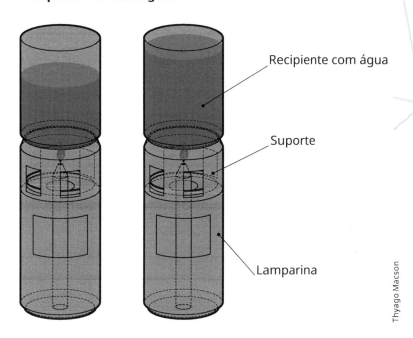

Por conseguinte, a capacidade térmica é uma propriedade que depende apenas da massa e, por isso, dois corpos de mesma composição molecular podem sofrer variações de temperatura diferentes ao receberem a mesma quantidade de calor, se suas massas forem diferentes.

Podemos concluir, portanto, que a capacidade térmica é porporcional à massa dos corpos. Essa proporcionalidade é definida por uma grandeza denominada **calor específico** (c), que é determinada pela razão constante entre a capacidade térmica e a massa da substância. A equação que descreve essa propriedade é:

$$c = \frac{C}{m} \text{ (Equação 5.5)}$$

Energia interna: a origem do calor

Sua unidade no SI é o joule por quilograma kelvin (J/kg · K), mas, usualmente, é dada por caloria por grama e por grau Celsius (cal/g · °C). Dessa forma, essa grandeza determina a quantidade de calor necessária para que 1 g de qualquer substância tenha sua temperatura alterada em 1 °C sem que haja modificação de sua estrutura.

> Os valores para calor específico e capacidade térmica são obtidos empiricamente e tabelados. Tabelas com esses valores são facilmente encontradas na *internet*.

Por fim, dependendo da quantidade de calor trocado entre os corpos de um sistema, haverá maneiras diferentes de quantificarmos as temperaturas desses objetos e, por conseguinte, observarmos possíveis efeitos que podem ocorrer com eles.

5.2.1 Efeitos do calor

Quando a quantidade de calor trocada entre os corpos é suficiente somente para que ocorra a variação de temperatura, há o chamado *calor sensível* (**QS**). Como podemos deduzir, ele depende do calor específico da substância e da massa total que fornece ou recebe o calor.

Para determinarmos o quanto a temperatura variou de acordo com o calor transferido, usamos a equação seguinte:

$$Q_S = m \cdot c \cdot \Delta T \text{ (Equação 5.6)}$$

Por convenção, quando $Q > 0$, então $\Delta T > 0$; logo, o corpo recebe calor. Se $Q < 0$, então $\Delta T < 0$, ou seja, a temperatura final do corpo é maior do que a inicial, o que significa que o corpo transferiu energia.

Se uma substância sólida, líquida ou gasosa recebe ou doa calor de modo que ocorra somente a variação de temperatura, ela pode dilatar-se ou contrair-se, respectivamente, mesmo que não consigamos observá-los a olho nu, o que decorre da variação da distância média entre suas moléculas causada pela mudança da energia cinética.

A variação do tamanho do corpo sólido dependerá de suas dimensões, de sua constituição e da homogeneidade da transferência de calor para o corpo. Dessa forma, a **dilatação** pode ser do tipo **linear**, **superficial** ou **volumétrica**.

Para um objeto sólido como um fio metálico, por exemplo, a dilatação ocorre em apenas uma dimensão, uma vez que o diâmetro do fio pode ser desprezado quando comparado a seu comprimento.

Imaginemos um fio metálico de comprimento L_i em uma tempertatura inicial t_i sendo aquecido até uma temperatura final t_f. Ao fim do processo, será possível observarmos que seu comprimento final L_f será igual a $\Delta L + L_i$, em que ΔL é a variação do comprimento do fio, ou seja, a dilatação, como mostra a Figura 5.4.

Figura 5.4
Dilatação linear de um sólido

Fonte: Adaptado de Santos, 2017a.

Em experiências, podemos observar três características:
1. O comprimento inicial do corpo é proporcional a sua temperatura inicial.
2. O comprimento final do corpo é proporcional a sua temperatura final.
3. A dilatação linear depende do material do qual o corpo é constituído.

Dessa forma, podemos organizar as grandezas relacionadas na dilatação em uma equação matemática, qual seja:

$$\Delta L = L_i \cdot \alpha \cdot \Delta T \text{ (Equação 5.7)}$$

Nessa equação, α é denominada *coeficiente de dilatação linear*, que é uma característica específica para cada tipo de substância. A unidade no SI é o inverso da unidade de temperatura: $°C^{-1}$ ou K^{-1}.

Assim, podemos prever qual será a dilatação superficial (ΔS) e a volumétrica (ΔV) para um sólido, pois esses dois tipos são uma combinação da dilatação linear em duas e em três dimensões, respectivamente, e tem a mesma unidade. Temos, então, que:

$$\text{Dilatação superficial: } \Delta S = S_i \cdot \beta \cdot \Delta T \text{ (Equação 5.8)}$$
$$\text{Dilatação volumétrica: } \Delta V = V_i \cdot \gamma \cdot \Delta T \text{ (Equação 5.9)}$$

Na primeira equação, β representa a constante de dilatação superficial, e a constante volumétrica, na segunda equação, é dada por γ. Ambas as constantes apresentam a mesma unidade de α. Dessa forma, podemos concluir que há uma relação entre as constantes de dilatação α, β e γ e os tipos de dilatação que ocorrem nos sólidos.

Escrevendo a proporcionalidade entre elas, vemos que:

$$\frac{\alpha}{1} = \frac{\beta}{2} = \frac{\gamma}{3} \text{ (Equação 5.10)}$$

No caso da dilação dos líquidos, que é mais proeminente que a dos sólidos, é necessário avaliarmos também a dilatação volumétrica sofrida pelo recipiente que os contém, pois os líquidos são fluidos que assumem a forma do objeto no qual se encontram.

Uma maneira de analisarmos a dilatação de um líquido é medirmos seu volume por meio do nível que ele ocupa dentro do recipiente em duas temperaturas diferentes, o que chamamos de *dilatação aparente do líquido*, pois, como mencionamos anteriormente, precisamos levar em conta a dilatação do receptáculo também. Assim, para calcularmos a variação real do volume de um líquido, precisamos

Energia interna: a origem do calor

subtrair a dilatação volumétrica que o recipiente sofreu, o que nos leva a:

$$\gamma_{real} = \gamma_{liquido} + \gamma_{aparente} \text{ (Equação 5.11)}$$

Exercício resolvido

3. (AFA – 2010 – CFOAV/CFOINT/CFOINF) Um recipiente tem capacidade de 3 000 cm³ a 20 °C e está completamente cheio de um determinado líquido. Ao aquecer o conjunto até 120 °C, transbordam 27 cm³. O coeficiente de dilatação aparente desse líquido, em relação ao material de que é feito o recipiente é, em °C⁻¹, igual a

a. $3,0 \cdot 10^{-5}$
b. $9,0 \cdot 10^{-5}$
c. $2,7 \cdot 10^{-4}$
d. $8,1 \cdot 10^{-4}$

Resolução

Quando um recipiente está totalmente preenchido com um líquido e o conjunto é aquecido, como o líquido dilata mais do que o sólido, ocorre o transbordamento do primeiro. A quantidade que derrama é considerada a dilatação aparente do líquido (ΔV_{ap}). Como o enunciado pede o coeficiente aparente, usamos a Equação 5.9 para achar a resposta. Assim, temos que:

$$\Delta V_{ap} = V_i \cdot \gamma_{ap} \cdot \Delta T$$
$$27 = 3\,000 \cdot \gamma_{ap} \cdot 100$$
$$\gamma_{ap} = 9 \cdot 10^{-5} \, °C^{-1}$$

Ou seja, a alternativa correta é a "c".

Se quisermos achar a dilatação real do líquido, precisamos saber seu coeficiente de dilatação volumétrico. Supondo que o recipiente seja de alumínio, $\gamma_{Al} = 7,2 \cdot 10^{-5} \, °C^{-1}$. Logo:

$$\Delta V_{real} = V_i \cdot (\gamma_{ap} + \gamma_{Al}) \cdot \Delta T$$
$$\Delta V_{real} = 3000 \cdot (7,2 \cdot 10^{-5} + 9 \cdot 10^{-5}) \cdot 100$$
$$\Delta V_{real} = 48,6 \, cm^3$$

A dilatação volumétrica dos gases é semelhante à dos sólidos e à dos líquidos, exceto pelo fato de que, nesse caso, o coeficiente de dilatação volumétrica é igual para qualquer tipo de gás. Isso ocorre porque, segundo a teoria cinética-molecular, as moléculas não interagem (não estão ligadas) entre si, pois a distância média entre elas é muito maior quando comparada a seus tamanhos. Por esse motivo, a dilatação dos gases é maior quando comparada à dos outros dois estados da matéria.

Para medirmos a dilatação dos gases, utilizamos a equação de estado dos gases perfeitos, que relaciona as variáveis características que os descrevem, como a pressão (P), o volume (V) e a temperatura (T). A equação é denominada *equação de Clapeyron*[iv], e é dada por:

$$P \cdot V = n \cdot R \cdot T \quad \text{(Equação 5.12)}$$

Nessa equação, n é o número de mols e R é a constante universal dos gases.

Isolando V para determinarmos sua variação em relação à variação de temperatura, observamos que:

$$V = n \cdot R \cdot \frac{T}{P}$$

Considerando n, R e P constantes, temos:

$$\frac{\Delta V}{\Delta T} \alpha \text{ constante} \quad \text{(Equação 5.13)}$$

Essa constante pode ser definida como o **coeficiente de expansão do gás**.

Observamos que esse coeficiente não depende da natureza do gás e é proporcional a sua temperatura. Se esta aumenta, há uma maior agitação das moléculas e, consequentemente, um maior número de colisões entre elas e a parede do recipiente, que farão uma pressão maior (força por área), "empurrando" a parede e aumentando o volume do conjunto.

Entretanto, quando a quantidade de energia transferida é suficiente para fazer com que o estado físico da matéria ou o estado de agregação das moléculas se altere, a quantidade de calor é mensurada de outra maneira. Nesse caso, trabalhamos com o **calor latente** (Q_L).

---
iv Relativo a Benoît Paul-Émile Clapeyron (1799-1864), engenheiro, físico e químico francês e um dos precursores da termodinâmica.

Diferentemente do calor sensível, o calor latente não depende da variação de temperatura, pois, quando uma substância está mudando de estado, todo o calor fornecido ou recebido por ela está sendo utilizado para romper ou para formar ligações entre os átomos e as moléculas. Como consequência, a temperatura permanece constante, uma vez que a energia fornecida não está sendo utilizada para variar a agitação molecular.

5.2.1.1
Mudanças de estado físico da matéria

Os elementos e a maioria dos compostos químicos podem existir como sólidos, líquidos ou gasosos – os três estados da matéria mais comuns. As mudanças entre os estados líquido e sólido (fusão ou solificação) e entre líquido e gasoso (vaporização ou condensação) são chamadas de *mudanças de fase*.

A **vaporização** é a mudança da fase líquida para a gasosa e, dependendo da forma como o calor é transferido, podemos chamá-la de *vaporização* ou de *ebulição*. A primeira ocorre quando a mundança de fase se dá de maneira natural, como acontece quando o Sol aquece a superfície de um lago ou quando a roupa estendida no varal seca. Já a segunda é a mudança forçada pelo fornecimento de um calor excedente ao da vaporização, como quando a água ferve na chaleira.

Energia interna: a origem do calor

Há ainda a mudança de fase entre sólido e gás sem passar pela fase líquida, a qual é chamada de *sublimação*. Exemplos desse fenômeno são a naftalina, que passa do estado sólido para o gasoso – com absorção de calor –, e dióxido de carbono (CO_2), quando, sob pressão, o calor é removido dele, e ele passa de gás para sólido, formando o gelo seco.

Estamos familiarizados com apenas uma ou talvez duas das fases para a maioria das substâncias pelo fato de os valores dos pontos de fusão e/ou de vaporização estarem fora do alcance da experiência humana. Por isso, para observarmos as demais fases, é necessário manipularmos as substâncias – por exemplo, o ferro, que, à temperatura ambiente, encontra-se na fase sólida, mas, quando submetido às altas pressão e temperatura, torna-se líquido.

A água, por sua vez, é uma substância que apresenta as três fases – gelo, líquido e gás – que podem ser verificadas em nosso dia a dia.

Importante!

A água, na fase sólida, é uma substância com um comportamento anômalo quando resfriada. Enquanto os demais sólidos se contraem quando congelados, o gelo se contrai quando a temperatura é elevada de 0 °C para 4 °C, por causa da reorganização de sua estrutura cristalina.

Durante as mudanças de estado ou de fase, ocorrem alterações do arranjo molecular da matéria envolvida devido a uma mudança do grau de agitação molecular.

Agora que temos as informações necessárias sobre **quantidade de calor**, **temperatura** e **estados da matéria**, podemos montar uma curva de aquecimento ou de resfriamento (dependendo do sentido de leitura do calor) para uma substância pura à pressão constante, como mostra ao Gráfico 5.1. Nele, vemos a relação entre a quantidade de energia e a variação de temperatura para a mudança de fase de uma substância pura. As siglas *P.E.* e *P.F.* identificam os pontos de ebulição e de fusão, respectivamente, e cada trecho está especificado com o tipo de calor necessário (sensível ou latente).

Gráfico 5.1
Curva de aquecimento e resfriamento

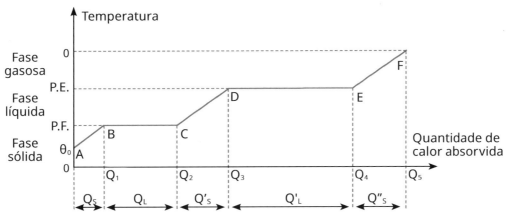

Fonte: Adaptado de Silva, 2017a.

Nesse gráfico, vemos que uma substância de *n* gramas, que recebe uma quantidade constante de calor e encontra-se inicialmente na fase **sólida**, passará por algumas etapas na curva, quais sejam:

- **Trecho AB** – Aquecimento da fase sólida, desde a temperatura inicial θ_0 até o ponto de fusão (P.F.). Nessa fase, o calor recebido é medido pelo calor sensível QS.
- **Trecho BC** – Fusão (ou solidificação) da substância. A temperatura fica constante até toda a parte sólida da substância tornar-se líquida. Portanto, durante a transição, observamos duas fases da substância. O calor recebido é o latente QL.
- **Trecho CD** – Aquecimento da fase líquida. A temperatura varia do ponto de fusão até o ponto de ebulição (P.E.). O calor recebido é dado por Q'S.
- **Trecho DE** – Vaporização da substância, que ocorre com a temperatura constante no ponto de ebulição. O calor é dado pelo calor latente Q'L.
- **Trecho EF** – Aquecimento da fase gasosa, que vai do ponto de ebulição até uma temperatura final T. O calor, novamente, é dado pelo calor sensível Q"S.

Podemos observar no Gráfico 5.1 que as passagens do estado sólido para o líquido e do líquido para o gasoso, por exemplo, ocorrem a uma mesma temperatura. Portanto, as substâncias puras mantêm suas temperaturas inalteradas durante as mudanças de estado, ou seja, a transformação de fase de uma substância pura sempre acontece a uma temperatura constante e apresenta um **patamar** nesse ponto.

Energia interna: a origem do calor

No entanto, para as misturas, as mudanças de fase não apresentam um patamar, mas uma **rampa**, como ilustra o Gráfico 5.2. O motivo para isso são as moléculas e os átomos constituintes das misturas. Cada substância tem um valor de calor específico característico, o que influencia a quantidade de calor necessária para romper ou para formar as ligações físicas e químicas para cada elemento que compõe a mistura.

Gráfico 5.2
Curva de aquecimento para uma mistura

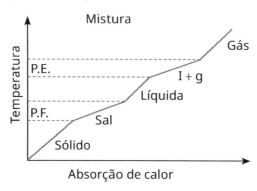

Reforçamos que o sólido, o líquido e o gasoso são os estados de agregação da matéria mais conhecidos, porém existem outros com grande destaque científico devido às propriedades físicas e químicas que podem apresentar.

Quando continuamos abaixando a temperatura de determinado tipo de sólido, podemos ter a formação do **condensado de Bose-Einstein**. Nesse caso, os bósons – partículas que possuem *spin* diferente de meio (½) –, quando condicionados a uma temperatura próxima do zero absoluto, atingem o mais baixo estado quântico – nessas condições, os efeitos quânticos podem ser visualizados em escala **macroscópica**. Já se continuarmos aquecendo um determinado tipo de gás, obteremos o **plasma**, o estado em que a maioria da matéria se encontra no Universo.

O calor latente depende apenas da massa e de uma constante de proporcionalidade (L) que varia de acordo com o tipo de transição de fase pela qual o corpo esteja passando. Assim, temos que:

$$Q_L = m \cdot L \text{ (Equação 5.14)}$$

Por exemplo: se quisermos calcular a quantidade de calor necessária para a água fundir-se ou congelar-se, precisamos verificar quanto valem seu $L_{fusão}$ e seu $L_{condensação}$.

Olhando uma tabela qualquer de coeficientes de fusão e de condensação, que pode ser facilmente encontrada na internet, vemos que, para a água, $L_{fusão} = 80$ cal/g e $L_{condensação} = -540$ cal/g. Portanto, para transformarmos 1 grama de gelo em água líquida, precisamos fornecer 80 cal; e, para tornarmos 1 grama de água líquida em gelo, precisamos retirar do sistema 540 cal.

5.2.2 Troca de calor

Podemos analisar com mais precisão a troca de calor entre dois corpos por meio de um **calorímetro**, um recipiente que isola o sistema de modo que o calor trocado seja somente entre os elementos, e não entre eles e o ambiente.

Assim, corpos com maior temperatura cederão energia e terão $\Delta T < 0$, enquanto os de menor temperatura receberão energia e o $\Delta T > 0$. Dessa forma, um fluxo de calor é formado até a temperatura dos corpos se igualarem.

Podemos equacionar esse fenômeno, pois a quantidade de calor total que alguns corpos ganham tem origem nos corpos que o cederam. Logo, podemos escrever que:

$$-\sum Q_{cedido} = \sum Q_{recebido}$$

Ou então:

$$\Delta Q_{total} = \sum Q_{recebido} + \sum Q_{cedido} = 0 \quad \text{(Equação 5.15)}$$

Destacamos os sinais de soma e de subtração: por convenção, o corpo que cede calor tem sinal negativo e o que recebe tem sinal positivo. Devemos tomar cuidado na hora de montarmos a equação para solucionar os problemas, lembrando que o sinal negativo é consequência da variação negativa da temperatura.

Exercícios resolvidos

4. Uma colher de alumínio de 200 g retirada da gaveta está a 20 °C e é colocada dentro de uma vasilha com um litro de água a 80 °C. Dado que o calor específico da água é de 1 cal/g · °C e do alumínio é de 0,219 cal/g · °C, calcule a temperatura de equilíbrio do sistema colher-água.

Resolução

Observamos que, nesse caso, não ocorrem mudanças de fase por parte da água nem do alumínio. Usando o valor da densidade para água $d = 1$ g/cm³, e sabendo que 1 cm³ = 0,001 litro (para acharmos a massa de água), logo, todo o calor cedido pela água será absorvido pelo bloco de alumínio, de modo que:

$Q_{cedido\ pela\ água} + Q_{recebido\ pelo\ Al} = 0$

$m_{água} \cdot c_{água} \cdot \Delta T + m_{Al} \cdot c_{Al} \cdot \Delta T = 0$

$1000 \cdot 1 \cdot (T - 80) + 200 \cdot 0,219 \cdot (T - 20) = 0$

$T \cong 77,5$ °C

Energia interna: a origem do calor

5. Em um calorímetro, 80 g de gelo a 0 °C são colocados em 100 g de água a 20 °C. Calcule a massa líquida total dentro do calorímetro após o sistema ter atingido o equilíbrio térmico, sabendo que o calor latente de fusão do gelo é de 80 cal/g e o calor específico da água é de 1 cal/g · °C.

Resolução

Primeiramente, calculamos a quantidade de calor cedida pela massa de água a 20 °C para atingir 0 °C. Assim:

$Q = m_{água} \cdot c_{água} \cdot \Delta T = 100 \cdot 1 \cdot (-20) = -2\,000$ cal

Para se transformar completamente em água líquida, o gelo necessita receber uma quantidade de calor igual a:

$Q = m_{gelo} \cdot L_{fusão} = 80 \cdot 80 = 6\,400$ cal

Portanto, a quantidade de energia fornecida pela água não é suficiente para derreter todo o gelo, de modo que, no equilíbrio térmico, teremos uma mistura de água e gelo. Para calcularmos a massa de gelo que derreterá, fazemos:

$Q_{cedido\,pela\,água} + Q_{recebido\,pelo\,gelo} = 0$

$-2\,000 + m_{gelo\,derretido} \cdot L_{fusão} = 0$

$-2\,000 + m_{gelo\,derretido} \cdot 80 = 0$

$m_{gelo\,derretido} = 25$ g

A massa total de água líquida no equilíbrio será igual aos 25 g do gelo derretido mais a massa da água já existente (100 g), ou seja, 125 g.

5.2.3 Propagação de calor

Como vimos, a troca de calor só ocorre enquanto existir uma diferença entre a temperatura dos corpos envolvidos, e essa troca sempre obedece a um sentido: do corpo de maior para o de menor temperatura.

Podemos relacionar a quantidade de troca de calor (ΔQ) com o intervalo de tempo ocorrido (Δt). Assim, teremos o fluxo de calor, isto é, $\varnothing$. Matematicamente, escrevemos:

$$\varnothing = \frac{\Delta Q}{\Delta t} \quad \text{(Equação 5.16)}$$

A unidade utilizada no SI é joule por segundo (J/s), que é denominada *watt* (W).

Importante!

O watt só pode ser utilizado quando todas as unidades de calor, de temperatura e de massa, de qualquer constante e tempo, estiverem de acordo com o SI.

Mas como o calor pode ser transferido de um corpo para outro?

A maneira como as substâncias transferem calor depende muito de suas estruturas moleculares e, portanto, os objetos respondem de modo diferente quando vão doar ou receber energia.

Há três maneiras de o calor ser distribuído entre os corpos do sistema: condução, convecção e radiação.

Figura 5.5
Propagação de calor

Métodos de tranferência de calor

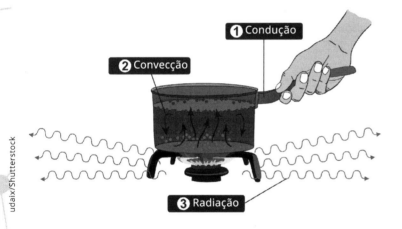

A **condução** transfere calor diretamente pelo material e, por isso, é o tipo de propagação observada em sólidos. Isso quer dizer que ela ocorre por meio de um condutor, que está em contato direto com a fonte de calor. Nessa situação, as moléculas agitam-se mais, provocando a excitação das moléculas adjacentes que, por consequência, movimentam as seguintes, até que todo o sistema tenha adquirido energia. Um exemplo de condução ocorre quando colocamos uma panela no fogo: apesar de somente a parte inferior dela estar diretamente em contato com a chama, toda a panela estará quente depois de um certo tempo.

A **convecção** é um dos principais meios pelos quais o calor é transferido ponto a ponto e ocorre quando um fluido, um líquido ou um gás é aquecido. A parte mais próxima da fonte de calor fica menos densa e desloca-se para cima, enquanto é substituída por uma quantidade de material menos aquecida e, por sua vez, mais densa, originando, assim, uma corrente de convecção. Depois de certo tempo, toda a substância se encontrará em uma mesma temperatura. Esse tipo de propagação pode ser observado em lagos ou em piscinas – quando colocamos a mão na superfície da água, percebemos que ela geralmente está com uma temperatura maior do que o restante do fluido.

A **radiação** é o terceiro modo pelo qual o calor pode ser transferido e ocorre por meio de ondas eletromagnéticas, não precisando, portanto, de um meio material para se propagar. Observamos esse tipo de fenômeno por meio do Sol, que é um reator térmico que se encontra a cerca de 149 600 000 km da Terra (Mourão, 2000). Nesse sentido, a energia gerada no Sol chega à Terra pelo espaço por meio da radiação.

Energia interna: a origem do calor

A radiação eletromagnética advém da aceleração das cargas elétricas em nível molecular, o que acontece quando os objetos são aquecidos ou resfriados. Isso implica que todo corpo irradia calor continuamente, inclusive o nosso.

Essas são as formas como um corpo pode doar ou receber calor. Ressaltamos que o que determina a doação ou a recepção de calor em exercícios são os sinais de positivo e de negativo aplicados às grandezas. Por isso, devemos prestar muita atenção na hora de definirmos os sistemas que pretendemos analisar.

Síntese

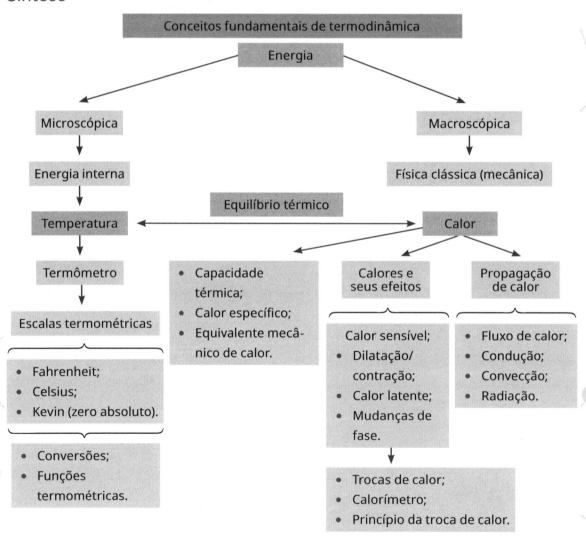

Atividades de autoavaliação

1. A temperatura de um copo de água aumenta de 25 °C para 45 °C. Qual é a variação de temperatura ΔT, medida em K?
   a) 20.
   b) 303.
   c) 313.
   d) 323.

2. (Uema – 2017 – Paes) Um avicultor construiu um termômetro utilizando-se de um ohmímetro e de um resistor elétrico. Para calibrá-lo, tomou dois pontos fixos, à temperatura corporal de 37 °C e o ponto de ebulição da água à pressão normal. Ao colocar o termômetro em contato com seu corpo, o ohmímetro registrou 9,7 *ohms*; em seguida, ao colocá-lo em contato com a água em ebulição, a leitura foi de 16,0 *ohms*. A função termométrica e a temperatura da ave, quando a leitura do ohmímetro for 10,1 *ohms*, são:
   a) $T_C = 10(R-6)$ e 41,00 °C.
   b) $T_C = 10,1(R-6)$ e 37,70 °C.
   c) $T_C = 10(R-6)$ e 37,00 °C.
   d) $T_C = 10(R-6)$ e 38,95 °C.

3. Uma chapa de área inicial igual a 30 cm² encontra-se a 0 °C, e então é aquecida até 100 °C. Qual é a área final da chapa, em cm², sabendo que o coeficiente de dilatação linear é $25 \cdot 10^{-6}$ °C?
   a) 30,075.
   b) 30,083.
   c) 30,15.
   d) 30,18.

4. Dado que o calor específico da água é de 1 cal/g · °C, qual é o calor específico (em cal/g · °C) de 250 g de ferro que, inicialmente, estão a 80 °C e, após serem colocados em 100 g de água a 20 °C, atingem 33 °C no equilíbrio térmico?
   a) 0,2.
   b) 0,11.
   c) 0,72.
   d) 0,15.

5. Em um deserto, quais são as formas pelas quais um ser humano troca calor com o meio?
   a) Condução e convecção.
   b) Condução e radiação.
   c) Radiação e convecção.
   d) Condução, convecção e radiação.

Atividades de aprendizagem

Questões para reflexão

1. Segundo Ronaldo Rogério de Freitas Mourão (2000), o Sol é uma estrela e é o astro central do Sistema Solar, o que significa que os outros corpos, como planetas (incluindo o nosso), asteroides, satélites e cometas orbitam a sua volta. O raio do Sol é de 695 700 km, ou seja, seriam necessárias 109 Terras para cobrir o disco do Sol. A camada dólar externa visível é chamada *fotosfera*, que é uma região turbulenta devido às erupções de energia que lá acontecem. Essa camada tem uma temperatura aproximada de 6 000 °C. Mas como

Energia interna: a origem do calor

os cientistas sabem disso? Como eles conseguem medir a temperatura das camadas do Sol? Pesquise os meios utilizados para se obter a temperatura dos astros da Via Láctea.

2. Com base nos conceitos termodinâmicos, reflita: Por que suamos em dias muito quentes e trememos em dias muito frios?

Atividades aplicadas: prática

1. Podemos ler em livros didáticos e em *sites* da internet que a temperatura de uma substância é "quente" ou "fria". Faça uma pesquisa sobre o motivo dessa convenção e por que ela não é confiável.

2. Em laboratório, cientistas já alcançaram temperaturas muito próximas do zero absoluto e observaram comportamentos quânticos da matéria, como a superfluidez e a supercondutividade. Pesquise quais materiais podem alcançar tais características e suas implicações científicas e tecnológicas.

6.

Energia, calor e trabalho: as leis da termodinâmica

Energia, calor e trabalho: as leis da termodinâmica

No capítulo anterior, discutimos sobre a diferença entre temperatura e calor, analisamos as várias formas de calor e quais seus efeitos sobre a matéria, como a dilatação e a contração dos materiais e as mudanças de estado físico, dependendo da quantidade de energia recebida ou doada.

Neste capítulo, observaremos as formas pelas quais as transformações de energia acontecem e quão eficientes elas são. Para tanto, vamos analisar as máquinas térmicas, que são dispositivos que convertem calor em trabalho útil. São essas máquinas, como o motor dos automóveis e os aparelhos de ar-condicionado, que nos permitem viver na sociedade atual. Assim, abordaremos as leis da termodinâmica.

Inicialmente, veremos a lei zero da termodinâmica, que trata do equilíbrio térmico. Em seguida, analisaremos a primeira lei, que nada mais é do que uma extensão do princípio da conservação da energia mecânica, com a inclusão do calor. Depois, exploraremos as limitações da primeira lei por meio da segunda lei, ou seja, veremos como esta última analisa o fluxo de calor e a "qualidade" de trabalho obtido. Por fim, investigaremos a terceira lei, que descreve o comportamento de um sistema quando este chega próximo ao zero absoluto.

Com essas discussões, esperamos lançar luzes que auxiliem na compreensão sobre as fronteiras da tecnologia e da ciência de acordo com as leis que regem o comportamento do Universo.

6.1 Lei zero da termodinâmica

A **lei zero da termodinâmica**, de certa forma, já foi apresentada no capítulo anterior, pois ela trata do **equilíbrio térmico**.

Já verificamos que um sistema físico, sendo ele ou não capaz de trocar energia e matéria com a vizinhança, tende a atingir um estado de equilíbrio, isto é, tornar-se livre de perturbações.

Agora, suponhamos uma situação como a ilustrada na Figura 6.1, a seguir. Dois corpos, um de massa m_1 e temperatura T_1 e outro de massa m_2 e temperatura T_2, estão próximos, mas sem contato físico. Se esses corpos entrarem em contato com um terceiro corpo de massa m_3 e temperatura T_3 e estiverem em equilíbrio térmico entre si, isso significa que tanto $T_1 = T_3$ e $T_2 = T_3$ quanto $T_1 = T_2$, ou seja, as temperaturas dos objetos são iguais: $T_1 = T_2 = T_3$.

Figura 6.1
Lei zero da termodinâmica

Fonte: Adaptado de Tipler; Mosca, 2009a, p. 572.

Assim, a lei zero pode ser enunciada da seguinte forma: se dois corpos estão em equilíbrio térmico com um terceiro, então os três corpos estão em equilíbrio entre si (Halliday;

Resnick; Walker, 2009, 2012; Knight, 2007, 2012, 2015; Tipler; Mosca, 2000a, 2009a).

Do ponto de vista físico, isso quer dizer que não há fluxo de calor entre os objetos de mesma temperatura, estabelecendo-a como um indicador de equilíbrio térmico. Isso afirma, mais uma vez, que **calor** e **temperatura** são conceitos **diferentes**.

Apesar do senso comum, essa conclusão não pode ser deduzida de outros princípios ou conceitos e, por isso, é chamada de *lei zero*.

Importante!

A transferência de calor sempre obedece um sentido: a energia é transferida do corpo de maior para o de menor temperatura.

6.2 Primeira lei da termodinâmica

No Capítulo 5, vimos que podemos alterar o estado físico de uma substância fornecendo calor a ela ou retirando-o dela. Mas será que há outra maneira de fazermos isso? Com certeza, conforme observamos no experimento de Joule, segundo o qual podemos alterar a temperatura de um corpo realizando **trabalho** sobre ele.

Da relação *trabalho e energia* em física mecânica, sabemos que, quando uma força realiza trabalho (W) sobre um sistema de partículas, puxando-as ou empurrando-as por determinada distância, a energia total do sistema varia, ou seja:

$$W = \Delta E_{sist} = K + U_{gravitacional}$$

Nessa fórmula, K é a energia cinética e $U_{gravitacional}$ é a energia potencial gravitacional.

No capítulo anterior, nosso interesse era estudar sistemas isolados e conservativos, para compreendermos o princípio de conservação de energia por meio das transformações de energia cinética em energia potencial gravitacional e vice-versa. Por isso, naquele momento, consideramos que não havia forças externas atuando no sistema, de modo que W_{ext} era igual a zero 0 ($W_{ext} = 0$).

No entanto, agora, queremos saber como a energia é transferida entre um sistema e sua vizinhança, ou seja, quando $W_{ext} \neq 0$. Para tal, precisamos ampliar a descrição inicial do sistema e incluir sua energia interna, pois é por meio dela que o conjunto troca calor com a vizinhança.

Para auxiliar a compreensão, imaginemos uma caixa de madeira deslizando sobre um bloco de gelo. A força de atrito entre a caixa e o bloco gera um trabalho dissipativo, W_{dissip}, em que a energia microscópica do sistema, representada por sua energia interna, sofre um acréscimo; em contrapartida, a energia macroscópica da caixa, ou seja, sua energia de movimento, sofre um decréscimo e pode até mesmo parar e chegar a zero.

Energia, calor e trabalho: as leis da termodinâmica

Assim, a variação da energia total do sistema causada por uma força externa pode ser escrita matematicamente como:

$$\Delta E_{sistema} = \Delta E_{mecânica} + \Delta U_{interna} = W_{ext}$$
(Equação 6.1)

Realizar um trabalho sobre um objeto pode ter diferentes consequências, pois, dependendo de como a força atua sobre o sistema, a energia pode ser transferida ou usada em diferentes pontos do sistema.

Suponhamos um corpo sendo levantado verticalmente por uma corda. A tensão na corda é uma força externa realizando trabalho W_{ext} no sistema. Nesse caso, a energia transferida é usada inteiramente para aumentar a energia potencial gravitacional ($U_{gravitacional}$) do corpo. No entanto, se a mesma corda com a mesma quantidade de tensão for usada para puxar o objeto com velocidade constante sobre uma superfície rugosa, ela realizará a mesma quantidade de trabalho W_{ext}, mas a energia mecânica não será alterada. Em vez disso, o atrito aumentará a energia interna ($U_{interna}$) do objeto e da superfície. Assim, a energia não será perdida, mas poderá ser levada para diferentes "partes" do sistema. Dessa forma, podemos transferir energia para um sistema por meio de um processo mecânico, realizando um trabalho sobre ele. Analisemos agora outro sistema.

Quando colocamos uma panela com água sobre um fogão e o ligamos, vemos que a temperatura do sistema (panela + água) aumenta, logo, $U_{interna} > 0$. Entretanto, nenhum trabalho é realizado sobre o sistema, o que implica que $W_{ext} = 0$ e que a energia mecânica da água não varia ($\Delta E_{mecânico} = 0$). Se analisarmos esse processo pela Equação 6.1, teremos, então, uma violação da igualdade, pois $0 + \Delta U_{interno} = 0$, porém $\Delta U_{interno} > 0$.

Isso ocorre porque essa equação considera o trabalho apenas como uma transferência de energia por interação mecânica, sem levar em conta que o sistema tem outras formas de interagir com sua vizinhança. No entanto, agora sabemos que o sistema e a vizinhança podem trocar energia por meio de calor.

Nesse sentido, devemos fazer um ajuste na Equação 6.1, incluindo nela o calor (Q). Logo:

$$\Delta E_{sistema} = \Delta E_{mecânica} + \Delta U_{interna} = W_{ext} + Q$$
(Equação 6.2)

Assim, a energia na forma tanto de calor quanto de trabalho pode ser transferida entre o sistema e sua vizinhança.

Focando nossa atenção na parte microscópica do sistema, ou seja, $\Delta E_{mecânica} = 0$, simplificamos a Equação 6.2 para:

$$\Delta U_{interna} = W_{ext} + Q \text{ (Equação 6.3)}$$

Essa é a matematização da primeira lei da termodinâmica.

Com base em todas essas informações, podemos enunciar a primeira lei da termodinâmica da seguinte forma: **a variação da energia interna de um sistema é igual ao calor transferido para ele mais o trabalho realizado sobre ele**.

Os trechos "para ele" e "sobre ele" estão sublinhados no enunciado da primeira lei. Por quê? Para responder a essa questão, vejamos o sistema analisado anteriormente (panela + água).

Se o calor for transferido **para ele** (Q_{entra}), ele será positivo, da mesma maneira que se o trabalho for realizado pela vizinhança **sobre ele** ($W_{sobre\ o\ sistema}$), ele também será positivo. Portanto, a $\Delta U_{interna} > 0$.

Numa situação oposta, em que o sistema **doe** calor para a vizinhança (Q_{sai}), o trabalho será negativo. Semelhantemente para o caso do trabalho, se for o sistema que o realize sobre a vizinhança, $W_{sobre\ a\ vizinhança}$ será negativo, pois, nesse caso, o sistema terá de utilizar sua energia interna para imprimir uma força sobre a vizinhança e, consequentemente, essa energia diminuirá. Assim, $\Delta U_{interna} < 0$.

A Figura 6.2 apresenta essas situações de forma gráfica.

Figura 6.2
Convenção de sinais para a primeira lei da termodinâmica

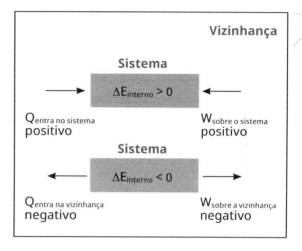

Essas são as convenções de sinais para fazermos o balanço de energia do sistema e da vizinhança. Mas não devemos nos preocupar em decorar essa padronização: inicialmente, devemos definir o que estamos analisando – se o sistema ou a vizinhança. Se for o primeiro, lembramos o que é energia interna, como ela pode variar caso trabalho e energia influenciem no sistema e como ela aumenta ou diminui. Por isso, é importante prestarmos atenção aos enunciados ao resolvermos exercícios sobre a primeira lei da termodinâmica.

Energia, calor e trabalho: as leis da termodinâmica

> ### Exercício resolvido
>
> 1. Um motor realiza um trabalho de 1 000 J em seu ambiente enquanto libera 2 000 J de calor. Qual é a variação da energia interna?
>
> ### Resolução
>
> Primeiramente, definimos qual é o sistema e qual é a vizinhança. Nesse caso, podemos considerar o motor como o primeiro e o ambiente como a segunda. Assim, como o sistema realiza trabalho sobre a vizinhança, W < 0, e, como libera calor, Q < 0.
>
> Dessa forma, calculamos que:
>
> $\Delta U_{interno} = -1\,000 + (-2\,000) = -3\,000$ J
>
> A energia interna do sistema diminui 3 000 J, pois ele utiliza sua energia interna para realizar força sobre si, além de perder energia na forma de calor para a vizinhança.
>
> Entretanto, se o sistema absorvesse 2 000 J de calor da vizinhança enquanto realiza o trabalho de 1 000 J, sua energia interna seria de 1 000 J, uma vez que teríamos o calor se dirigindo ao sistema ($Q_{entra\ no\ sistema}$) e o trabalho sendo realizado sobre a vizinhança ($W_{sobre\ a\ vizinhança}$).

Podemos concluir, portanto, que a primeira lei da termodinâmica trata da **conservação de energia entre sistema e vizinhança**.

Mas de que maneira podemos calcular o trabalho realizado pelo sistema ou sobre ele?

Recapitulando, *trabalho* (W) é a transferência de energia entre corpos ou entre um sistema e sua vizinhança quando uma força atua sobre eles por determinada distância. Para identificarmos quem realiza trabalho sobre quem e, consequentemente, para que lado a energia está sendo transferida, utilizamos uma convenção de sinais. Em outras palavras, *trabalho* é uma quantidade de energia que se move entre corpos ou entre um sistema e seu entorno durante uma interação mecânica e pode ser medido por meio das **variáveis de estado**, que são grandezas físicas que descrevem e caracterizam um sistema em equilíbrio.

Por ser mais prático e visual, a partir de agora, para nosso estudo, definiremos como sistema um gás ideal hermeticamente confinado em um pistão. Assim, para determiná-lo, precisamos de apenas três grandezas físicas: a pressão (P), o volume (V) e a temperatura (T). No entanto, nós já vimos como essas grandezas se relacionam por meio da Equação 5.12 – a equação geral dos gases ou equação de Clapeyron.

É possível compreendermos melhor essa relação se conhecermos a pressão e o volume iniciais (P_i e V_i, respectivamente) de um gás ideal. Assim, conseguiremos determinar qual é a temperatura inicial (T_i), uma vez que $T_i = \frac{P_i \cdot V}{Nr}$, e teremos as informações necessárias para descrever o gás de nosso sistema.

Se aquecermos ou resfriarmos esse gás (ΔQ), ou se ele realizar ou sofrer algum tipo de trabalho (W, tanto positivo quanto negativo), teremos novos valores para definirmos nosso estado final, como P_f, V_f e T_f. Como o gás não altera sua massa ou sua composição – por ser ideal e estar isolado – podemos achar uma relação entre o estado inicial e final que descreve o sistema. Logo, percebemos que:

$$\frac{P \cdot V}{T} = n \cdot R = \text{constante}$$

Dessa maneira:

$$\frac{P_i \cdot V_i}{T_i} = \frac{P_f \cdot V_f}{T_f}$$

(Equação 6.4)

A Figura 6.3, a seguir, mostra um gás ideal confinado em um cilindro – com um pistão bem ajustado de modo a não deixar o gás escapar – no qual não há atrito entre as peças. Quando o pistão se move, o volume do gás varia Δh, e, como sabemos, a temperatura ou a pressão – ou ambos – podem variar, o que foi previsto pela Equação 6.4.

Figura 6.3
Gás ideal confinado em cilindro hermeticamente fechado com pistão móvel

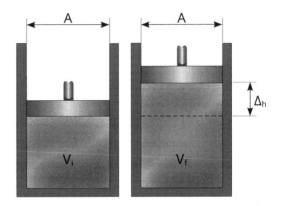

Nesse caso, se empurrarmos repentinamente o pistão, comprimindo o gás, a pressão deste será alterada – a pressão pode ser a medida do número de colisões das moléculas com a parede do recipiente, dada por $P = \frac{F}{A}$.

Inicialmente, a pressão será mais próxima às paredes do pistão, pois a força realizada por este será transferida para as moléculas mais próximas a ele e, depois de algum tempo, todas as moléculas do gás se encontrarão na mesma situação.

No entanto, se movermos o pistão lentamente, haverá tempo o suficiente para que o gás restabeleça o equilíbrio facilmente à medida que a posição do pistão varie. Esse tipo de processo é chamado de *quase-estático*, em que o gás se move por meio de uma série de estados de equilíbrio, os quais podem ser determinados por pressão, volume e temperatura.

Assim, se o gás da Figura 6.3 expandir de V_i para V_f de forma quase-estática, a força que ele realizará sobre as paredes do pistão será de $P \cdot A$ – em que P é a pressão exercida pelo gás e A é a área do pistão –, enquanto o pistão deslocará uma distância Δh. Logo, o trabalho realizado pelo gás será:

$$W = F \cdot ds = P \cdot A \cdot \Delta h$$

Energia, calor e trabalho: as leis da termodinâmica

Como a medida $A \cdot \Delta h$ pode ser a variação do volume, podemos reescrever essa expressão como:

$$W = P \cdot \Delta V \text{ (Equação 6.5)}$$

Assim, esse é o trabalho realizado ou recebido por um gás com pressão constante.

Lembramos que, quando o gás se expande, sua variação de volume (ΔV) é positiva, mas, nesse caso, como é ele que realiza trabalho sobre a vizinhança, W é negativo. De modo contrário, quando o gás é comprimido, significa que a vizinhança realiza trabalho sobre o sistema e, assim, W é positivo, apesar de ΔV ser negativa. Aqui, chamamos a atenção novamente para a importância de entendermos o que está ocorrendo com o sistema, em vez de apenas decorarmos a convenção de sinais.

Quando a pressão variar, é possível estabelecermos o trabalho realizado durante uma transição de estado por meio do **diagrama PV**, uma maneira prática de representação dos estados de um gás em um diagrama para facilitar a análise de suas alterações, dado que cada ponto do diagrama indica um estado próprio do gás.

No Gráfico 6.1, o estado inicial (P_i, V_i) e o estado final (P_f, V_f) determinam o gás, e seus valores são dependentes da transformação realizada.

Gráfico 6.1
Diagrama PV

A)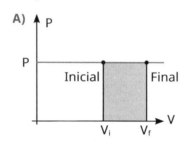
B)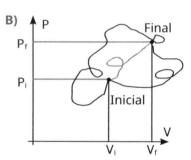

| Mudança de estado sob pressão constante. | Mudança de estado sob pressão variável. |

Por meio do diagrama PV, pelo fato de o processo analisado ser quase-estático, podemos determinar, ponto a ponto, até o estado final, a variação da energia interna, o calor doado ou recebido e o trabalho realizado ou recebido pelo sistema, dependendo do caminho ou da transformação pela qual o gás tenha passado.

Comecemos pelo trabalho. Se o gás representado no diagrama PV do Gráfico 6.1 sofrer uma expansão, podemos dizer que a variação de volume é igual a $V_f - V_i$. Se a pressão for mantida constante, como observado no Gráfico 6.1-A, percebemos que o trabalho é obtido por $P \cdot \Delta V$, que, se observarmos bem, é a área do retângulo formado no diagrama, em que a base é dada pela variação de volume e a altura é dada pela pressão. Assim, temos que:

$$W = P \cdot \Delta V = b \cdot h = \text{área do retângulo (Equação 6.6)}$$

Dessa forma, para descobrirmos qual é o trabalho realizado na expansão do gás no Gráfico 6.1-B, em qualquer uma das situações ilustradas no Gráfico 6.1, podemos utilizar o mesmo raciocínio: **calcular a área sob a curva PV**, visto que a relação continua a mesma. É claro que para as curvas desenhadas seria necessário realizarmos um cálculo de área envolvendo integrais. Como aqui o interesse é entendermos as variáveis de estado e suas relações para a conservação de energia, e não desenvolvermos habilidades matemáticas avançadas, as áreas estudadas serão de figuras geométricas conhecidas.

Vejamos no exercício seguinte.

Exercício resolvido

2. Determine em joules o trabalho realizado por um gás para fazer a transformação ilustrada a seguir.

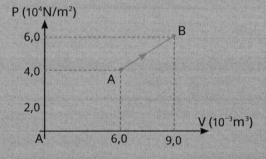

Resolução

O trabalho é igual à área sob a reta AB – nesse caso, a área de um trapézio. O cuidado está nas unidades de pressão e de volume, que devem estar ambas de acordo com o Sistema Internacional de Unidades (SI), de modo que a resposta seja dada em joules. Como a pressão está em N/m^2, unidade chamada de *pascal* (Pa), e o volume está em m^3, basta calcularmos a área. Assim:

$$W = \text{área sob a curva} = \frac{(B + b) \cdot h}{2} =$$
$$= \frac{(4 \cdot 10^4 + 6 \cdot 10^4) \cdot 3 \cdot 10^{-3}}{2} = 1{,}5 \text{ J}$$

De modo geral, a pressão de um gás varia quando ele é expandido ou comprimido e, assim, para determinarmos seu estado físico, precisamos saber como a pressão vai variar com o volume. Para tanto, podemos analisar as condições sob as quais o trabalho é realizado, ou seja, podemos estudar as **transformações termodinâmicas** (ou processos termodinâmicos) do sistema.

Durante uma **transformação isocórica** (ou isovolumétrica), na qual o volume permanece constante e a pressão varia, temos $W = 0$, pois a área do diagrama PV é igual a zero, como mostra o Gráfico 6.2-A.

Para uma **transformação isobárica**, a pressão permanece constante e o volume varia de V_i para V_f. O diagrama do Gráfico 6.2-B representa uma transformação isobárica – o trabalho, para essa situação, já foi apresentado e é dado pela Equação 6.5.

Já em uma **transformação isotérmica**, é a temperatura que permanece constante, enquanto as demais variáveis de estado mudam. O trabalho é dado pela área do diagrama representado no Gráfico 6.2-C. Assim, calculamos o trabalho por:

$$W = n \cdot R \cdot T \cdot \ln\left(\frac{V_f}{V_i}\right)$$

(Equação 6.7)

Na equação, ln é o logaritmo natural.

Nessa transformação, a temperatura fica constante, o que significa que a energia interna não muda. Logo, analisando o balanço de energia dado pela primeira lei termodinâmica, temos que:

$$\Delta U_{interna} = W_{ext} + Q = 0$$
$$-W_{ext} = Q \text{ (Equação 6.8)}$$

A Equação 6.8 demonstra que, para um sistema manter sua temperatura constante, todo o calor fornecido da vizinhança para ele teria de ser convertido em trabalho realizado pelo sistema sobre a vizinhança, resultando em uma variação de energia interna igual a zero.

Gráfico 6.2
Diagramas PV para as transformações A) isocórica, B) isobárica e C) isotérmica

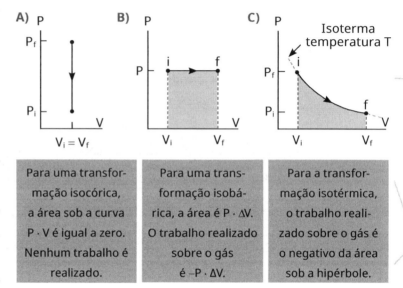

| Para uma transformação isocórica, a área sob a curva P·V é igual a zero. Nenhum trabalho é realizado. | Para uma transformação isobárica, a área é P·ΔV. O trabalho realizado sobre o gás é –P·ΔV. | Para a transformação isotérmica, o trabalho realizado sobre o gás é o negativo da área sob a hipérbole. |

Fonte: Adaptado de Knight, 2015, p. 520, tradução nossa.

Por fim, ainda há a **transformação adiabática**, na qual não ocorrem trocas de calor entre o sistema e a vizinhança, o que, em outras palavras, pode ser descrito como $\Delta Q = 0$. Da primeira lei da termodinâmica, isso implica que a $\Delta U_{interna} = W_{ext}$. Por exemplo: se a temperatura de um gás abaixar durante esse processo, significa que a substância usou sua energia interna para realizar trabalho sobre a vizinhança.

Em uma transformação adiabática, o trabalho é a área sob a curva adiabática do diagrama PV, como mostra o Gráfico 6.3, a seguir.

Gráfico 6.3
Diagrama PV para uma transformação adiabática

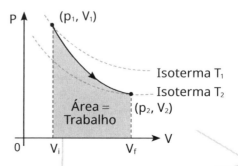

Exercício resolvido

3. Uma vizinhança doa 2000 J de calor para um sistema que sofre a transformação ilustrada a seguir.

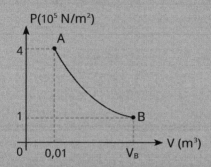

Sabendo disso, calcule:

a. O volume final V_B.
b. A variação de energia interna.
c. O trabalho realizado pelo sistema.

Resolução

Quando nos é fornecido um diagrama PV, antes de qualquer coisa, devemos analisar qual o tipo de transformação que ele representa. Nesse caso, sabemos que é uma isoterma, e isso já nos fornece várias informações sobre o sistema, como $\Delta T = 0$ e $\Delta U_{interno} = 0$, o que implica que $|Q|=|W_{ext}|$.

a. Para calcularmos o volume final, podemos utilizar a Equação 6.4, pois sabemos os valores de P_i, V_i e P_f, e que $T_i = T_f$, que se cancelam. Assim, temos que:

$$\frac{P_i \cdot V_i}{T_i} = \frac{P_f \cdot V_f}{T_f}$$

$4 \cdot 10^5 \cdot 0{,}01 = 1 \cdot 10^5 \cdot V_f$

$V_f = 0{,}04 \text{ m}^3$

b. A energia interna é zero, pois a temperatura é constante, ou seja, $\Delta U_{interno} = 0$

c. A resposta é $W = -2000$ J, pois o calor é recebido da vizinhança e terá de ser utilizado por ela para realizar trabalho sobre o sistema.

Energia, calor e trabalho: as leis da termodinâmica

6.3 Segunda lei da termodinâmica

E se a transformação for realizada em um caminho fechado, ou seja, de maneira cíclica?

A **transformação cíclica** para uma massa de gás ocorre quando essa massa passa por uma sequência de transformações e, ao final de cada uma, retorna a seu estado inicial, descrito por determinados valores de pressão, volume e temperatura. Portanto, o estado inicial e o final são iguais ($P_i = P_f$, $V_i = V_f$ e $T_i = T_f$). Vejamos o diagrama PV para uma transformação cíclica no Gráfico 6.4, a seguir, na qual o trabalho realizado pelo gás durante o ciclo pode ser calculado pela área da curva.

Gráfico 6.4
Diagrama PV para transformações cíclicas

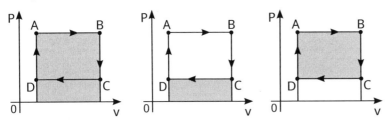

Nos diagramas PV do Gráfico 6.4, observamos que há quatro transformações em seguida, sendo duas transformações isocóricas (BC e DA) e duas transformações isobáricas (AB e CD), o que resulta em uma conservação de energia, que pode ser calculada pela primeira lei da termodinâmica (Halliday; Resnick; Walker, 2009, 2012).

Agora, vamos analisar cada parte constituinte de energia. Comecemos, então, pelo trabalho.

Para determinarmos o trabalho realizado durante o ciclo, devemos calcular a área da figura geométrica. Para ir do ponto A ao B, o trabalho realizado pelo gás é dado pela área abaixo da curva, como mostra o primeiro diagrama do Gráfico 6.4. E, para ir do C ao D, o gás precisou receber trabalho para voltar a seu volume inicial.

Nas transformações isocóricas, o trabalho é nulo. Dessa forma, o valor total realizado pelo sistema para percorrer todo o ciclo é a soma algébrica dos trabalhos parciais, ou seja, $W = W_{AB} + W_{BC} - W_{CD} + W_{DA} = W_{AB} - W_{CD}$, o que resulta na área da figura geométrica (nesse caso, um retângulo) nos diagramas PV, como ilustra o Gráfico 6.4.

Assim, nos diagramas em questão, o trabalho realizado pelo gás na transformação AB é positivo, pois $\Delta V > 0$, enquanto a transformação CD indica que o sistema recebeu trabalho, uma vez que $\Delta V < 0$, representando uma compressão.

Pelas áreas abaixo da curva, podemos ver que o trabalho realizado é, em módulo, maior do que o recebido. Desse modo, concluímos que quando o ciclo é percorrido no sentido horário, o gás realiza trabalho sobre a vizinhança, isto é, W > 0, recebendo calor do meio. De maneira contrária, quando o ciclo é percorrido no sentido anti-horário, o gás recebe trabalho da vizinhança, que é convertido em calor. Resumindo matematicamente, temos que:

$$W_{ext} = -Q$$

Isso implica uma variação de energia interna igual a **zero**, o que está de acordo com a variação de temperatura entre os estados inicial e o final ser igual a zero, uma vez que a energia interna é função de estados e depende dos valores das temperaturas inicial e final.

A análise das transformações cíclicas pode nos levar a concluir é que é possível transformar **todo** calor cedido e **todo** calor absorvido em trabalho. Porém, em nosso dia a dia, vemos que não. Até podemos transformar todo trabalho em calor, mas o que observamos é que é impossível transformar todo calor em trabalho.

A termodinâmica se desenvolveu junto com a Revolução Industrial como um estudo sistemático de conversão de calor em movimento mecânico e trabalho, daí o nome *termodinâmica* (*termo* + *dinâmico*). O que percebemos é que quase toda transferência de energia que ocorre em sistemas físicos reais é feita com uma eficiência menor do que 100% devido à energia dissipada. Por isso, uma das fronteiras tecnológicas a ser rompida é desenvolvermos máquinas e dispositivos que atinjam maior eficiência na transformação de energia em trabalho útil e com menor dissipação.

Nesse contexto, deduzimos que a primeira lei da termodinâmica precisa de alguns ajustes para poder descrever corretamente os fenômenos naturais. Esses ajustes são limitações dadas pela **segunda lei da termodinâmica**, que pode ser enunciada de duas maneiras, de acordo com os cientistas William Thomson, mais conhecido como Lorde Kelvin, e **Rudolf Clausius**, que desenvolveram experimentos e estudos sobre o assunto. Vejamos essas enunciações.

Segundo **Kelvin**, nenhum sistema pode absorver calor de um único reservatório e convertê-lo inteiramente em trabalho sem que disso resultem outras variações no sistema e no ambiente que o cerca.

Para entendermos esse enunciado, imaginemos um motor simples girando dentro de um recipiente com água, como ilustra a Figura 6.4. Sabemos que, se o motor girar, ele executará um trabalho sobre a água e liberará calor para a vizinhança; no entanto, se fornecermos calor para o sistema – por exemplo, aquecendo a água – o motor não girará – não com a mesma eficácia, pelo menos.

Energia, calor e trabalho: as leis da termodinâmica

Figura 6.4
Ilustração do enunciado de Kelvin

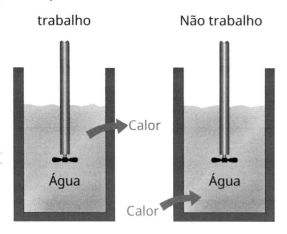

Em outras palavras, a transferência de calor é um **processo** (transformação) **irreversível**, ou seja, uma vez atingido o estado final de equilíbrio, o sistema não pode retornar ao estado inicial ou a quaisquer estados intermediários, a menos que algo interfira sobre ele.

Há várias maneiras de "extrairmos" trabalho do calor. Podemos utilizar, por exemplo, um motor a vapor ou um reator atômico, que utiliza uma fonte de calor para mover pistões ou turbinas. Essas máquinas são chamadas de *máquinas térmicas* e são dispositivos cíclicos cujo objetivo é converter a maior quantidade possível de calor em trabalho (mecânico).

Para tal, as máquinas térmicas dispõem de uma fonte quente à temperatura T_q, que fornece uma quantidade de calor Q_q para uma fonte fria que se encontra a uma temperatura mais baixa T_f. Durante a transferência de calor, o trabalho (W) é realizado sobre a vizinhança, e uma quantidade de calor Q_f é perdida para o meio. O balanço entre o calor cedido e o calor ganho pela vizinhança e o trabalho realizado pelo sistema definem a eficiência de uma máquina térmica. As fontes, quentes ou frias, são projetadas para terem uma capacidade térmica grande, de modo que possam liberar ou absorver calor sem variação significativa de suas temperaturas.

Figura 6.5
Representação esquemática de uma máquina térmica

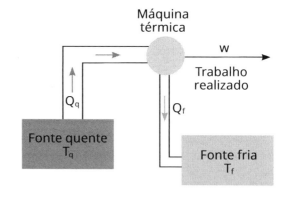

A locomotiva a vapor é um exemplo de máquina térmica. Nela, a caldeira é a fonte quente da qual é retirada a quantidade de calor Q_q a cada ciclo, por meio da queima de lenha ou de carvão. Parte desse calor é utilizada pela locomotiva para fazê-la andar (trabalho mecânico), e outra parte é rejeitada para o ambiente, ou seja, a fonte fria.

A aplicação da primeira lei da termodinâmica nos diz que a energia total do sistema é conservada ($W = Q_q$), mas, como ainda temos a quantidade de calor dissipada, colocamos mais essa grandeza na fórmula, de modo que:

$$W = Q_q - Q_f \quad \text{(Equação 6.9)}$$

Nessa expressão, W é o trabalho realizado pela máquina durante um ciclo completo, e o resultado de $Q_q - Q_f$ é o calor total transferido.

Para calcularmos a eficiência da máquina térmica (ε), precisamos saber a proporção entre a quantidade total de energia fornecida e a utilizada, que, nesse caso, são dadas por Q_q e W, respectivamente. Matematicamente, temos que:

$$\varepsilon = \frac{\text{calor utilizado}}{\text{calor total}} = \frac{W}{Q_q}$$
(Equação 6.10)

Substituindo W, dado pela Equação 6.9, temos:

$$\varepsilon = \frac{Q_q - Q_f}{Q_q} = 1 - \frac{Q_f}{Q_q}$$
(Equação 6.11)

De modo geral, a eficiência é dada em porcentagem.

Exercício resolvido

4. Durante cada ciclo, uma máquina térmica absorve 400 J de calor de um reservatório quente, realizando trabalho e liberando 150 J para o reservatório frio. Qual é a eficiência dessa máquina?

Resolução

Para respondermos à pergunta proposta, usamos a definição de eficiência (ε) dada pela Equação 6.11. Substituindo 400 J = Q_q e 150 J = Q_f, temos que:

$$\varepsilon = \frac{W}{Q_q} = \frac{Q_q - Q_f}{Q_q} = \frac{400 - 150}{400} = 0{,}625 = 62{,}5\%$$

Assim, quanto maior for a porcentagem dada por ε, maior será a eficiência da máquina.

O matemático, físico e engenheiro francês **Sadi Carnot**, no século XIX, estudou a possibilidade de máquinas com 100% de eficiência e chegou à conclusão de que isso só ocorreria se as perdas inerentes aos dispositivos não existissem, como as perdas por atrito entre as peças. Logo, máquinas térmicas que não apresentam perdas são ideais, de modo que retornariam ao mesmo estado inicial de equilíbrio antes do processo, ou seja, realizariam uma **transformação** (processo) **reversível** – aquela que pode ocorrer em ambos os sentidos e passando por todos os estados intermediários, sem que isso cause mudanças permanentes à vizinhança.

Dessa forma, o **princípio de Carnot** diz que nenhuma máquina trabalhando entre dois reservatórios térmicos pode ser mais eficiente do que uma máquina reversível trabalhando entre esses dois reservatórios.

Uma máquina reversível que opera em um ciclo reversível entre dois reservatórios térmicos é chamada de *máquina de Carnot*, e o ciclo é denominado *ciclo de Carnot*.

Energia, calor e trabalho: as leis da termodinâmica

O Gráfico 6.5 ilustra o ciclo de Carnot para um gás ideal. Nele, o calor é retirado de uma fonte quente à temperatura T_q durante uma expansão isotérmica; em seguida, o gás se expande adiabaticamente para depois reduzir isotermicamente e, por fim, o gás é comprimido adiabaticamente até seu estado inicial.

Gráfico 6.5
Ciclo de Carnot para um gás ideal

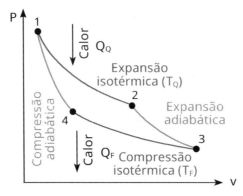

Fonte: Adaptado de MSPC, 2017.

Para que o processo seja reversível, as transferências de calor, tanto as recebidas (Q_q) quanto as cedidas (Q_f), devem ser realizadas de maneira isotérmica e intercaladas com transformações adiabáticas quase-estáticas.

Nesse contexto, segundo Tipler e Mosca (2000a, 2009a), as etapas do ciclo de Carnot ilustradas no Gráfico 6.5 são:

- **Etapa 1-2** – Absorção quase-estática e isotérmica de calor de uma fonte quente.
- **Etapa 2-3** – Expansão quase-estática e adiabática para uma temperatura menor.
- **Etapa 3-4** – Liberação quase-estática e isotérmica de calor para um reservatório frio.
- **Etapa 4-1** – Compressão quase-estática e adiabática para o estado inicial.

O que podemos depreender do ciclo é que como a fonte quente e a fonte fria encontram-se sempre na mesma temperatura (T_q e T_f, respectivamente), a quantidade de calor Q_q e Q_f é proporcional a essas temperaturas, de modo que:

$$\frac{Q_q}{Q_f} = \frac{T_q}{T_f}$$

Como a máquina de Carnot é ideal e apresenta sempre a eficiência máxima ($\varepsilon_{máx}$), podemos calculá-la por meio da eficiência de uma máquina térmica. Assim:

$$\varepsilon_{máx} = 1 - \frac{Q_f}{Q_q} = 1 - \frac{T_f}{T_q}$$
(Equação 6.12)

Na expressão, T_f diz respeito à temperatura da fonte fria e T_q, à da fonte quente, e devem estar em kelvin (K).

Agora, vamos analisar a segunda lei da termodinâmica segundo a visão de Clausius.

> Conforme o enunciado de **Clausius**, um processo cujo único resultado efetivo seja retirar calor de um reservatório frio e doá-lo a um reservatório quente é impossível.

Em outras palavras, esse enunciado diz que, para que seja retirado calor de uma fonte fria, com temperatura T_f, é preciso realizar trabalho sobre o sistema, pois esse não é o fluxo natural de transferência. Dessa forma, o calor Q_q é liberado para o ambiente na forma de um subproduto não aproveitado (fonte quente com temperatura T_q). Ou seja, trata-se de uma máquina térmica funcionando ao contrário. A esse tipo de dispositivo chamamos de *refrigerador*.

Figura 6.6
Representação esquemática de um refrigerador

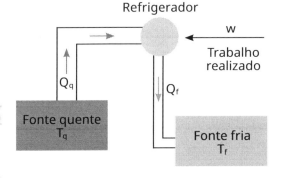

Podemos verificar a veracidade dessas afirmações analisando um aparelho de ar-condicionado. Para que o quarto de uma casa fique com uma temperatura mais baixa, o motor do aparelho precisa realizar trabalho sobre o refrigerador ligado à eletricidade, e este liberará calor no lado de fora da casa.

Assim, a eficiência do refrigerador é a razão entre o calor retirado da fonte fria e o trabalho realizado por ele. Esse quociente é chamado de *coeficiente de desempenho* (η). Matematicamente, temos:

$$\eta = \frac{Q_f}{W} \quad \text{(Equação 6.13)}$$

Quanto maior o coeficiente η, melhor é o refrigerador.

Numa análise mais detalhada, percebemos que os enunciados de Kelvin e de Clausius são **equivalentes**, uma vez que o primeiro afirma que não existem máquinas térmicas ideias e o segundo argumenta que não existem refrigeradores "miraculosos". As transformações de calor em trabalho e de trabalho em calor sempre envolverão perdas de energia.

6.4 Terceira lei da termodinâmica

A terceira lei da termodinâmica afirma que não é possível atingirmos o zero absoluto – sobre o que já discutimos no capítulo anterior – por meio de um número finito de transformações.

> Essa terceira lei, enunciada pelo físico e químico alemão Walther Nernst, preceitua que existe um limite inferior para a temperatura – que não pode ser atingido pela matéria – chamado *zero absoluto de temperatura*, e o grau de irreversibilidade de todas as substâncias é o mesmo nessa temperatura.

Desse enunciado, podemos extrair o entendimento de que, quando a temperatura tende a zero, a matéria entra em um estado de ordenação absoluta.

Energia, calor e trabalho: as leis da termodinâmica

O número de configurações microscópicas que um sistema pode adquirir em determinado estado é conhecido por *entropia*. A **entropia (S)** é uma propriedade extensiva de um sistema (independentemente do caminho que ele faça, considerando apenas as condições inicial e final).

De forma matemática, ela é definida por:

$$dS \equiv \left(\frac{\delta Q}{T}\right)_{rev} \quad \text{(Equação 6.14)}$$

Por isso, a entropia pode ser analisada como a medida de energia não disponível do sistema termodinâmico fechado. A terceira lei da termodinâmica significa, portanto, que, quando a temperatura de um sistema se aproxima do zero absoluto, sua entropia se aproxima de uma constante. Se o sistema for um cristal puro e perfeito (considerado aquele em que todas as moléculas são idênticas e o alinhamento delas é perfeito ao longo da substância), a constante (entropia) será igual a zero.

Notamos, porém, que a terceira lei não faz referência a um **estado de repouso absoluto**, pois, nesse caso, as moléculas ou os átomos estariam simplesmente parados em um lugar sem que a energia do sistema fosse reduzida o suficiente para que se igualasse a zero.

Como é possível determinarmos o ponto no qual a entropia é zero, somos capazes também de definir a quantidade real de entropia que um sistema apresenta em temperaturas acima do zero absoluto por meio de medidas e de cálculos, o que permite obtermos mais informações sobre a energia do sistema.

Outra maneira de compreendermos a terceira lei da termodinâmica é termos em mente que nenhum objeto ou sistema pode atingir a temperatura de zero absoluto, pois, caso atingisse, estaria violando a segunda lei da termodinâmica, que nos fornece o sentido do calor. Em outras palavras, para que isso fosse possível, o sistema teria que extrair energia de outros sistemas próximos e, dessa forma, não conseguiria alcançar o zero absoluto.

Síntese

Leis da termodinâmica

Lei zero da termodinâmica
- Equilíbrio térmico;
- Enunciado da lei zero.

Primeira lei da termodinâmica
- Trabalho e conservação de energia;
- Tipos de energia;
- Enunciado da primeira lei;
- Convenção de sinais;
- Cálculo do trabalho para gases:
  - Variáveis de estado;
  - Trabalho W;
  - Diagrama PV;
  - Transformações ou processos termodinâmicos.

Segunda lei da termodinâmica
- Transformações cíclicas;
- Enunciado da segunda lei:
  - Kelvin:
    - Máquinas térmicas;
    - Eficiência; processos reversíveis/irreversíveis;
    - Ciclo de Carnot.
  - Clausius:
    - Refrigeradores;
    - Coeficiente de rendimento.

Terceira lei da termodinâmica
- Zero absoluto;
- Enunciado da terceira lei;
- Entropia.

Energia, calor e trabalho: as leis da termodinâmica

Atividades de autoavaliação

1. Na ilustração a seguir, duas transformações levam o gás ideal do estado 1 para o estado 3. Compare o trabalho realizado pela transformação A com o realizado pela transformação B e assinale a resposta correta:

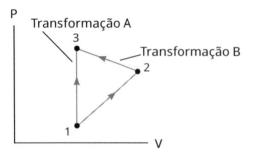

   a) $W_A = W_B = 0$.
   b) $W_A = W_B$, mas diferente de zero.
   c) $W_A > W_B$.
   d) $W_A < W_B$.

2. Um trabalho de 80 J é realizado sobre um gás a temperatura constante. Qual é a variação da energia interna do gás, considerando-o ideal?

   a) 80 J.
   b) 40 J.
   c) Zero.
   d) −40 J.

3. A variação da energia interna de um gás que recebe 100 J de calor da vizinhança e realiza 70 J de trabalho durante uma expansão:

   a) aumenta 170 J.
   b) diminui 170 J.
   c) aumenta 30 J.
   d) diminui 30 J.

4. Assinale a afirmação **falsa**:

   a) O calor pode ser convertido integralmente em energia elétrica.
   b) O calor dissipado em uma máquina térmica é parcialmente convertido em trabalho.
   c) O atrito pode converter 100% do trabalho mecânico em calor.
   d) A energia elétrica pode ser convertida em energia térmica com máximo rendimento.

5. Um motor a explosão (motor de combustão interna) opera entre uma fonte quente a 100 °C e um reservatório frio a 0 °C. Qual é o rendimento máximo desse motor?

   a) 100%.
   b) 73%.
   c) 42,5%.
   d) 26,8%.

Atividades de aprendizagem

Questões para reflexão

1. Vimos que a primeira lei da termodinâmica trata da conservação de energia e que as variáveis de estado do sistema, como pressão (P), volume (V) e temperatura (T), quando ele está em equilíbrio, preveem as variações de energia interna, trabalho e troca de calor entre ele e a vizinhança.

Com base nisso, analise a convenção de sinais para a primeira lei da termodinâmica por meio do diagrama PV demonstrado a seguir:

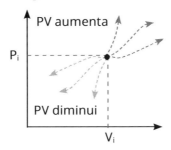

Fonte: Knight, 2012, p. 499, tradução nossa.

2. A figura a seguir mostra um diagrama esquemático da máquina térmica usada na maioria dos automóveis: o motor de combustão interna. Pesquise como funciona esse motor e escreva um diagrama PV para o ciclo das transformações termodinâmicas que acontecem nele:

Figura 6.7
Esquema de motor de combustão interna (utilizado na maioria dos automóveis) em suas quatro fases

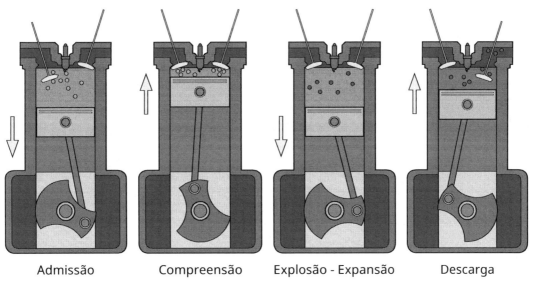

Fonte: Adaptado de Aramis, 2012.

Atividade aplicada: prática

1. Faça um levantamento dos aparelhos elétricos ou eletrônicos de que você dispõe e procure saber qual é a eficiência (ou o rendimento) deles. Depois, pegue uma fatura de energia elétrica e veja qual foi seu consumo médio em um mês. Ao fim, calcule o consumo por aparelho e descubra quem é o "vilão" de sua conta.

Considerações finais

Neste livro, dedicamo-nos a apresentar conceitos e fenômenos fundamentais do eletromagnetismo e da termodinâmica. No entanto, muitos outros assuntos foram deixados de lado, não por não serem importantes, mas porque nosso foco foi a origem de importantes eventos físicos naturais, como eletricidade, magnetismo, energia, matéria, trabalho e conservação de energia.

Nosso material deve ser encarado, portanto, como uma introdução aos assuntos abordados e servir de guia para futuros estudos mais aprofundados.

Ressaltamos, por isso, que a pesquisa sobre a origem e o porquê das coisas serem como são e se comportarem do jeito que se comportam é mais importante do que simplesmente decorar explicações ou adotar a mecanização do conhecimento.

Portanto, esperamos que você utilize nosso livro como um incentivo para continuar a descobrir o universo da física, pois conhecimento nunca é demais e isso só o auxiliará na elaboração de aulas mais dinâmicas e enriquecedoras.

Referências

ÁLVAREZ, J. A. E. G. Así funciona el motor de corriente directa o continua. **¡Así funciona!**, set. 2015. Disponível em: <http://www.asifunciona.com/electrotecnia/af_motor_cd/af_motor_cd_6.htm>. Acesso em: 23 nov. 2017.

ARAMIS. Histórico e desenvolvimento dos motores de combustão interna. **MCI (Motor de Combustão Interna)**. 2 set. 2012. Pt. 2. Disponível em: <http://motordecombustaointerna.blogspot.com.br/>. Acesso em: 23 nov. 2017.

AROEIRA, G. J. R. Estados físicos da matéria. **InfoEscola**. Disponível em: <http://www.infoescola.com/quimica/estados-fisicos-da-materia/>. Acesso em: 23 nov. 2017.

ASSOCIAÇÃO de capacitores. **Colégio Web**, 1° jun. 2012. Disponível em: <http://www.colegioweb.com.br/capacitores/associacao-de-capacitores.html>. Acesso em: 23 nov. 2017.

BONJORNO, J. R. et al. **Física fundamental**. São Paulo: FTD, 1999.

BORGES; NICOLAU. Voltando ao segundo fenômeno eletromagnético. **Os fundamentos da física**, 2 nov. 2011. Disponível em: <http://osfundamentosdafisica.blogspot.com.br/2011/11/cursos-do-blog-eletricidade.html>. Acesso em: 23 nov. 2017.

BORGNAKKE, C.; SONNTAG, R. E. **Fundamentos da termodinâmica**. Tradução de Roberto de Aguiar Peixoto. 7. ed. São Paulo: Blucher, 2009. (Série Van Wylen).

BOSS, S. L. B.; CALUZI, J. J. Os conceitos de eletricidade vítrea e eletricidade resinosa segundo Du Fay. **Revista Brasileira de Ensino de Física**, São Paulo, v. 29, n. 4, p. 635-644, 2007. Disponível em: <http://www.scielo.br/pdf/rbef/v29n4/a23v29n4.pdf>. Acesso em: 23 nov. 2017.

BOURDREUX, S. Balance de Coulomb. **Le cabinet de physique de Sigaud de Lafond**. 2009. Disponível em: <http://s.bourdreux.free.fr/cabinet_Sigaud/instruments/balance_coulomb_fichiers/balance_coulomb_txt.htm>. Acesso em: 23 nov. 2017.

CABRAL, M. A eletrização por contato. **Mundo Educação**. Disponível em: <http://mundoeducacao.bol.uol.com.br/fisica/a-eletrizacao-por-contato.htm>. Acesso em: 23 nov. 2017.

CALLISTER JR. W. D.; RETHWISCH, D. G. **Ciência e engenharia de materiais**: uma introdução. Tradução de Sérgio Murilo Stamile Soares. 8. ed. Rio de Janeiro: LTC, 2012.

____. **Ciência e engenharia de materiais**: uma introdução. Tradução de Sérgio Murilo Stamile Soares. 9. ed. Rio de Janeiro: LTC, 2016.

CAMPO magnético de una espira circular. Laplace: wiki del Departamento de Física Aplicada III. **Universidad de Sevilla**, Escuela Técnica Superior de Ingenieros, 19 abr. 2009. Disponível em: <http://laplace.us.es/wiki/index.php/Campo_magn%C3%A9tico_de_una_espira_circular>. Acesso em: 23 nov. 2017.

CAPPELLA, B.; DIETLER, G. Force-Distance Curves by Atomic Force Microscopy. **Surface Science Reports**, v. 34, n. 1-3, p. 1-104, 1999.

CENTEC – Instituto Centro de Ensino Tecnológico. **Apostila de Física III para engenheiros**. Juazeiro do Norte: Centec, 2007. Disponível em: <http://www.ebah.com.br/content/ABAAAANuQAJ/apostila-fisica-iii-engenheiros>. Acesso em: 16 jun. 2017.

CHANG, R. **Química geral**: conceitos essenciais. 4. ed. Porto Alegre: Artmed; McGraw Hill, 2009.

CORRENTE contínua e alternada. **Só Física**. Disponível em: <http://www.sofisica.com.br/conteudos/Eletromagnetismo/Eletrodinamica/caecc.php>. Acesso em: 23 nov. 2017.

EASTERN Mediterranean University. **Chapter 2**: Atomic Structure and Interatomic Bonding (2nd Session). In: ____. **Meng286**: Introduction to Materials Science & Engineering. Famagusta: Eastern Mediterranean University, Fall 2015. Disponível em: <http://me.emu.edu.tr/behzad/meng286/MAT02.pdf>. Acesso em: 23 nov. 2017.

EISBERG, R.; RESNICK, R. **Física quântica**: átomos, moléculas, sólidos, núcleos e partículas. 16. ed. Rio de Janeiro: Elsevier, 1979.

ELETRIZAÇÃO de corpos. **Só Física**. Disponível em: <http://www.sofisica.com.br/conteudos/Eletromagnetismo/Eletrostatica/eletrizacao.php>. Acesso em: 23 nov. 2017.

ELETROSTÁTICA. **Física Home Page**. 1999. Disponível em: <http://servlab.fis.unb.br/matdid/1_1999/Vildinei/eletro/intro.htm>. Acesso em: 23 nov. 2017.

EQUIPE SEI. Dilatação de líquidos. **Sistema de Ensino Interativo**. Disponível em: <http://sistemasei.com.br/download/física/Dilatação%20de%20Líquidos.pdf>. Acesso em: 23 nov. 2017.

FERRARO, N. G. Cursos do blog: capacitores – capacitor num circuito elétrico. **Os Fundamentos da Física**. 19 set. 2012. Disponível em: <http://osfundamentosdafisica.blogspot.com.br/2012/09/cursos-do-blog-eletricidade_19.html>. Acesso em: 22 nov. 2017.

____. Cursos do blog: eletricidade–campo elétrico (I). **Os fundamentos da física**. 20 mar. 2013a. 5ª aula. Disponível em: <http://osfundamentosdafisica.blogspot.com.br/2013/03/cursos-do-blog-eletricidade_20.html>. Acesso em: 23 nov. 2017.

____. Cursos do blog: eletricidade – superfície equipotencial. **Os fundamentos da física**. 20 abr. 2016. 11ª aula. Disponível em: <http://osfundamentosdafisica.blogspot.com.br/2016/04/cursos-do-blog-eletricidade_20.html>. Acesso em: 23 nov. 2017.

____. Cursos do blog: geradores elétricos. **Os Fundamentos da Física**. 28 ago. 2013b. Disponível em: <http://osfundamentosdafisica.blogspot.com.br/2013/08/cursos-do-blog-eletricidade_28.html>. Acesso em: 21 nov. 2017.

____. Cursos do blog: receptores elétricos. **Os fundamentos da Física**. 6 set. 2017. Disponível em: <https://osfundamentosdafisica.blogspot.com.br/2017/09/cursos-do-blog-eletricidade.html>. Acesso em: 21 nov. 2017.

FOGAÇA, J. R. V. Forças dipolo induzido-dipolo induzido ou dispersão de London. **Brasil Escola**. Disponível em: <http://brasilescola.uol.com.br/quimica/forcas-dipolo-induzido-dipolo-induzido-ou-dispersao-london.htm>. Acesso em: 23 nov. 2017.

HALLIDAY, D.; RESNICK, R.; WALKER, J. **Fundamentos de física**. Tradução de Ronaldo Sérgio de Biasi. 8. ed. Rio de Janeiro: LTC, 2009. v. 3: Eletromagnetismo.

____. **Fundamentos de física**. Tradução de Ronaldo Sérgio de Biasi. 9. ed. Rio de Janeiro: LTC, 2012. v. 3: Eletromagnetismo.

HOLZNER, S. **Física para leigos**. Rio de Janeiro: Alta Books, 2011.

____. **Física II para leigos**. Rio de Janeiro: Alta Books, 2012.

HOUAISS, A.; VILLAR, M. de S.; FRANCO, F. M. de M. **Dicionário Houaiss da língua portuguesa**. Versão 1.0. Rio de Janeiro: Instituto Antônio Houaiss; Objetiva, 2001. 1 CD-ROM.

KÍTOR, G. L. Série triboelétrica. **InfoEscola**. Disponível em: <https://www.infoescola.com/eletrostatica/serie-triboeletrica/>. Acesso em: 23 nov. 2017.

KLEIN, C.; DUTROW, B. **Manual da ciência dos minerais**. Tradução de Rualdo Menegat. 23. ed. Porto Alegre: Bookman, 2012.

KNIGHT, R. D. **Physics for Scientist and Engineers**: a Strategic Approach. 2. ed. San Francisco: Pearson Education, 2007.

____. **Physics for Scientist and Engineers**: a Strategic Approach. 3. ed. San Francisco: Pearson Education, 2012.

____. **Physics for Scientist and Engineers**: a Strategic Approach with Modern Physics. 4. ed. Boston: Pearson Education, 2015.

M027: CAMPO magnético e ferromagnetismo. **Elétron Pi**. Disponível em: <http://www.eletronpi.com.br/ce-027-campo-magnetico.aspx>. Acesso em: 23 nov. 2017.

MALLINCKRODT, J. Stretching a Rod? **Stack Exchange**, Physics, Questions, Dec. 9 2013. Disponível em: <https://physics.stackexchange.com/questions/89667/stretching-a-rod/89674>. Acesso em: 23 nov. 2017.

MARQUES, G. da C. **Eletromagnetismo**: circuitos elétricos. São Paulo: CEPA; Instituto de Física da Universidade de São Paulo, [S.d.]. Disponível em: <https://midia.atp.usp.br/ensino_novo/eletromagnetismo/ebooks/circuitos_eletricos.pdf>. Acesso em: 23 nov. 2017.

MELSEN, A. G. V. **From Atomos to Atom**: the History of the Concept Atom. New York: Courier Dover Publications, 2004. (Dover Phoenix Editions Series).

MOURÃO, R. R. de F. **O livro de ouro do Universo**. Rio de Janeiro: Ediouro, 2000.

MSPC – Informações Técnicas. **Termodinâmica 05-10 ciclos**. Disponível em: <http://www.mspc.eng.br/termo/termod0510.shtml>. Acesso em: 23 nov. 2017.

MUNDIM, K. C. Linhas de força ou linhas de campo. **EaD: Laboratório Virtual**. 1997. Disponível em: <http://ensinoadistancia.pro.br/EaD/Eletromagnetismo/LinhasDeForca/LinhasDeForca.html>. Acesso em: 23 nov. 2017.

NACIF, M. S.; FERREIRA, F. G. M. **Manual de técnicas em ressonância magnética**. Rio de Janeiro: Rubio, 2011.

NEVES, B. R. A.; VILELA, J. M. C.; ANDRADE M. S. Microscopia de varredura por sonda mecânica: uma introdução. **Cerâmica**, São Paulo, v. 44, n. 290, p. 212-219, nov./dez. 1998.

NUSSENZVEIG, H. M. **Curso de física básica**. São Paulo: Edgard Blücher, 1999. v. 3: Eletromagnetismo.

PAIVA, C. R. **Álgebra geométrica e electromagnetismo**. Lisboa: Instituto Superior Técnico, 2006. Disponível em: <https://fenix.tecnico.ulisboa.pt/downloadFile/3779571451464/Algebra%20Geometrica%20e%20Electromagnetismo%20(v8).pdf>. Acesso em: 23 nov. 2017.

PAULING, L. **College Chemistry**: an Introduction Textbook of General Chemistry. San Francisco: W. H. Freeman and Company, 1957.

PERUZZO, J. **Física quântica**: conceitos e aplicações. Edição do autor. Irani: [s.n.], 2014.

QY. Realization of Atomic Resolution STM Imaging at 27T in Water-Cooled Magnet. **Hefei Institutes of Physical Science**. Chinese Academy of Sciences. Apr. 25 2015. Disponível em: <http://english.hf.cas.cn/news/Events/201504/t20150427_146669.html>. Acesso em: 23 nov. 2017.

REITZ, J. R.; MILFORD, F. J.; CHRISTY, R. W. **Fundamentos da teoria eletromagnética**. Tradução de Renê Balduíno Sander. 11. ed. Rio de Janeiro: Campus, 1982.

RESSONÂNCIA magnética. **Clínica Dr. José Walter**. Disponível em: <http://www.clinicadrjosewalter.com.br/resonancia.html>. Acesso em: 23 nov. 2017.

RIVELLES, V. O. A teoria de cordas e a unificação das forças da natureza. **Física na Escola**, São Paulo, v. 8, n. 1. p. 10-16, maio 2007.

SANTOS, M. A. da S. Dilatação linear. **Brasil Escola**. Disponível em: <http://brasilescola.uol.com.br/fisica/dilatacao-linear.htm>. Acesso em: 23 nov. 2017a.

____. Fluxo magnético e a Lei de Faraday. **Brasil Escola**. Disponível em: <http://brasilescola.uol.com.br/fisica/fluxo-magnetico-lei-faraday.htm>. Acesso em: 23 nov. 2017b.

____. Lei de Lenz. **Brasil Escola**. Disponível em: <http://brasilescola.uol.com.br/fisica/a-lei-lenz.htm>. Acesso em: 22 nov. 2017c.

SILVA, D. C. M. da. Curva de aquecimento. **Mundo Educação**. Disponível em: <http://mundoeducacao.bol.uol.com.br/fisica/curva-aquecimento.htm>. Acesso em: 23 nov. 2017a.

____. Experiência de Joule. **Mundo Educação**. Disponível em: <http://mundoeducacao.bol.uol.com.br/fisica/experiencia-joule.htm>. Acesso em: 23 nov. 2017b.

SOARES, M. S. **Explicação e representação das reações químicas**. Disponível em: <http://slideplayer.com.br/slide/5625865/>. Acesso em: 23 nov. 2017.

STARK, M. et al. From Images to Interactions: High-Resolution Phase Imaging in Tapping-Mode Atomic Force Microscopy. **Biophysical Journal**, v. 80, n. 6, p. 3009-3018, June 2001.

STRUCTURE of Matter Flow Diagram. Science Learning Hub. **The University of Waikato**, Sept. 17 2009. Disponível em: <https://www.sciencelearn.org.nz/images/2151-structure-of-matter-flow-diagram>. Acesso em: 23 nov. 2017.

THE STRUCTURE of Matter. **The Physics Classroom**. Disponível em: <http://www.physicsclassroom.com/class/estatics/Lesson-1/The-Structure-of-Matter>. Acesso em: 23 nov. 2017.

TIPLER, P. A.; MOSCA, G. **Física para cientistas e engenheiros**. Tradução de Horácio Macedo. 4. ed. Rio de Janeiro: LTC, 2000a. v. 1: Mecânica, oscilações e ondas, termodinâmica.

TIPLER, P. A.; MOSCA, G. **Física para cientistas e engenheiros**. Tradução de Horácio Macedo. 4. ed. Rio de Janeiro: LTC, 2000b. v. 2: Eletricidade e magnetismo, óptica.

____. **Física para cientistas e engenheiros**. Tradução de Paulo Machado Mors. 6. ed. Rio de Janeiro: LTC, 2009a. v. 1: Mecânica, oscilações e ondas, termodinâmica.

____. **Física para cientistas e engenheiros**. Tradução de Paulo Machado Mors. 6. ed. Rio de Janeiro: LTC, 2009b. v. 2: Eletricidade e magnetismo, óptica.

UM POUCO sobre capacitores. **Hi7.co**. Disponível em: <http://matematica.hi7.co/um-pouco-sobre-capacitores-57ac26eca0f2e.html>. Acesso em: 22 nov. 2017.

VIANNA, L. B. Conversão de escalas termométricas. **InfoEscola**. Disponível em: <http://www.infoescola.com/fisica/conversao-de-escalas-termometricas/>. Acesso em: 23 nov. 2017a.

____. Polos magnéticos da Terra. **InfoEscola**. Disponível em: <http://www.infoescola.com/eletromagnetismo/polos-magneticos-da-terra/>. Acesso em: 23 nov. 2017b.

WEINBERG, S. **The Discovery of Subatomic Particles**. 2. ed. Cambridge University Press, 2003.

WILLIAMS, J. M. **Parsing The spdf Electron Orbital Model**. 2014. Disponível em: <http://pages.swcp.com/~jmw-mcw/Parsing%20the%20spdf%20electron%20orbital%20model.htm>. Acesso em: 23 nov. 2017.

YOUNG, H. D.; FREEDMAN, R. A. **Física II**. Tradução de Cláudia Santana Martins. 12. ed. São Paulo: Pearson, 2009. v. 2: Termodinâmica e ondas.

Bibliografia comentada

HALLIDAY, D.; RESNICK, R.; WALKER, J. **Fundamentos de física**. Tradução de Ronaldo Sérgio de Biasi. 9. ed. Rio de Janeiro: LTC, 2012. v. 3: Eletromagnetismo.

Esse livro é considerado fundamental para a formação de físicos, engenheiros e matemáticos. Dispõe de uma explicação narrativa mais desenvolvida para os assuntos abordados, com exercícios resolvidos, e instiga o leitor por meio de problemas para reflexão. Além do volume 3, que trata do eletromagnetismo, recomendamos também a leitura do volume 1 dessa obra, que desenvolve os conceitos da mecânica clássica, como força, trabalho e energia potencial e cinética, e auxilia a compreensão dos fenômenos físicos em geral.

HOLZNER, S. **Física para leigos**. Rio de Janeiro: Alta Books, 2011.

Ótimo livro de divulgação científica para quem sente dificuldade em entender a física. Com uma linguagem despojada e de fácil entendimento, sem rigor matemático ou a necessidade de dedução de fórmulas, é indicado para quem quer iniciar os estudos na área.

KNIGHT, R. D. **Physics for Scientist and Engineers**: a Strategic Approach. 3. ed. San Francisco: Pearson Education, 2012.

___. **Physics for Scientist and Engineers**: a Strategic Approach with Modern Physics. 4. ed. Boston: Pearson Education, 2015.

Livros excelentes e bastante completos que não seguem a mesma linha de raciocínio utilizada pelas obras usuais. Suas ilustrações e seus exercícios envolvem a lógica dos conceitos discutidos e são

ótimos para auxiliar na percepção e na fixação dos conceitos físicos básicos. A quarta edição traz no título a informação de que aborda também a física moderna. As obras estão na língua inglesa, e não têm tradução para o português.

TIPLER, P. A.; MOSCA, G. **Física para cientistas e engenheiros**. Tradução de Paulo Machado Mors. 6. ed. Rio de Janeiro: LTC, 2009a. v. 1: Mecânica, oscilações e ondas, termodinâmica.

____. **Física para cientistas e engenheiros**. Tradução de Paulo Machado Mors. 6. ed. Rio de Janeiro: LTC, 2009b. v. 2: Eletricidade e magnetismo, óptica.

Esses livros são base para os cursos de Física e para as Engenharias. Desenvolvem os conceitos físicos estudados com detalhes e apresentam uma matemática vetorial mais avançada.

Respostas

Capítulo 1
Atividades de autoavaliação

1. b
2. d
3. c
4. c
5. c

Capítulo 2
Atividades de autoavaliação

1. a
2. d
3. c
4. a
5. c

Capítulo 3
Atividades de autoavaliação

1. d
2. a
3. c
4. b
5. a

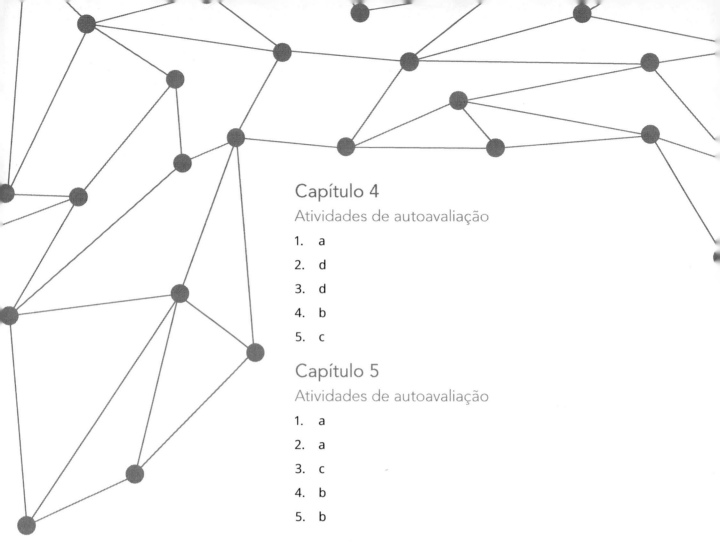

Capítulo 4
Atividades de autoavaliação

1. a
2. d
3. d
4. b
5. c

Capítulo 5
Atividades de autoavaliação

1. a
2. a
3. c
4. b
5. b

Capítulo 6
Atividades de autoavaliação

1. d
2. c
3. c
4. a
5. d

Sobre a autora

Fabiana da Gama Ferreira é graduada (2005) em Física pela Universidade Federal do Paraná (UFPR), pós-graduada (2006) em Biologia Molecular pela Faculdade Dom Bosco e mestre (2008) e doutora (2012) na área de Biomicrotecnologia pelo Programa de Pós-Graduação em Engenharia e Ciência dos Materiais (Pipe) da UFPR, com o estudo de filmes finos organizados de proteínas. Desde 2013, leciona a disciplina de Física para cursos de graduação em engenharias.

Impressão:
Dezembro/2017